U0004705

日本，我來了！

留學、遊學、打工全攻略

吳寧真 ◎著

晨星出版

推薦序

從女兒寧真八歲那年，我開始讓她到大阪姨婆家過暑假，「機場是最不會搞丟人的地方。」胸前貼上「兒童單獨搭機」標籤，不想落單也不想學日語的她，在一次又一次的旅程裡被訓練得獨立起來，然而，還欠缺個充分驗證的舞台。

十二年後，她爭取了這個舞台，希望到日本讀大學。身為撫養兩個孩子的單親媽媽，家中經濟後盾只有報社裁撤地方記者所發放的一筆遣散費，但我決定資助她的人生夢想，讓她習得外語專長，體驗我所不曾擁有的留學機會。

為想省錢，沒進語言中心，也沒找人代辦，報考、租屋樣樣自己來，她到東京以後，沒有住址、沒有手機號碼、沒有電腦網路，突然急匆匆地打我手機：「媽！我沒錢了，請您馬上匯錢給我。」我不了解實際狀況，還問她：「雜誌社門禁管制森嚴，可以明天再匯嗎？」從她幾乎是邊啜泣邊發抖的回答裡，意識到這事無法拖到明天，於是在午休的一小時裡，我趕去兆豐國際商銀匯款。

後來，我才知道她沒錢買被子、食物，時值嚴冬，只有喝便宜的牛奶，夜裡冷到無法睡覺。

成長是苦澀的，只待他日甜蜜追憶。這些年來，我不曾到東京去探望她，朋友們都說我狠心，我暗暗想：等到她博士畢業典禮那天，我會出現在東京的。

感謝這些年幫助她的所有善心人，也感謝晨星出版社給予她出書的機會，但願藉由這個起點，也能幫助想要留學DIY的您，不論是求學、生活實務，或是激勵您朝著夢想前進。

林麗娟

序言

　　我是在高中時代決定要留學的，我們家的經濟狀況並不富裕，但母親仍然支持我追尋夢想，並且答應替我支付第一年的費用，我認真地查了很多資料，詢問了很多意見，並且自信滿滿地夢想著之後要如何分享我成功的經驗給別人，現在是我在日本的第五年了，不過比起成功經驗，我的失敗經驗更是多不勝數的。

　　我第一年應考的時候犯了幾個致命的錯誤，沒有考上任何學校，灰溜溜地回到台灣又多準備了一年；我申請到了第一屆的打工度假簽證，卻沒有用它找到工作，入境日本時還錯辦成觀光簽證，之後又不斷跑機關修改；我找房子、搬家、換簽證、找工作，甚至辦理手機網路等生活雜項，信手拈來都是失敗經驗，簡直不堪回首。

　　我還記得我第二年到東京準備應考的時候，為了省下旅費，硬是在一天內找到房子。繳完了房租，仲介費都還積欠著拿不出來，口袋裡剩不到幾千塊。我從小被照顧得很好，雖然不富裕，可是真的沒為錢困擾過，離了家才知道，原來一文錢可以逼死英雄好漢。當時希望家裡可以匯錢來救急，可是想辦個連絡用的手機必須先有銀行帳戶，想要有銀行帳戶必須先辦身分證，想辦身分證就要去當地的戶政事務所，但戶政事務所在哪？我該問誰才行？

　　我記得我跑了很多機關，耽擱太多時間，戶政事務所跟銀行離得很遠，公車班次很少，但一天沒有錢我就要餓一天肚子，必須要趕在銀行下班之前申請開戶，我等不及公車，在陌生的街道上一路狂奔，又害怕又委屈，幾乎是邊跑邊哭。

　　事後想想，如果當時手邊能有本指南書，即使只是薄薄的一本，能夠告訴我事前該準備什麼、什麼階段該做些什麼，我也就不至於那麼狼狽。

　　我曾經希望可以學成歸國、分享成功經驗，不過這本書跟我當初預想的完

全相反，是希望能經由我在哪裡慘遭滑鐵盧，來提醒讀者不要在同樣的地方摔倒。我想應該有很多人跟我一樣，對留學充滿憧憬卻毫無概念，或者查詢了龐雜的資料還是一頭霧水，如果這本書能在一些關鍵的小地方幫上您的忙，我會非常開心。

　　謝謝晨星出版社的優秀編輯團隊給予我機會，並且一直幫助、激勵我；謝謝我的朋友瑞穗幫我蒐集大學資料及校對日文；謝謝我的家人、長輩和友人，特別是常被我當成範例或話題的留學生學長、學姊；謝謝我的母親，無論我跌倒多少次，謝謝您總是在我身邊支持我，並鼓勵我重新站起來。

　　最後謝謝購買並閱讀本書的您，或許我們的失敗史還會繼續累積下去，不過失敗並不是全無意義的，希望有一天我們可以笑著聊起，那段充滿淚水卻又讓我們成長的留學時代。

吳寧真

Content 目錄

003　　推薦序
004　　序言

Chapter 01
規劃留學 or 遊學

010　　1、設定目標
016　　2、選擇報考目標
026　　3、出發前的準備功課

Chapter 02
留學篇：行前準備

034　　1、索取大學報名簡章
043　　2、入學願書的填寫與寄送
049　　3、規劃應考日程表
056　　4、該準備多少錢？

Chapter 03
旅遊打工篇：行前準備

060　　1、申請打工度假簽證
066　　2、該準備多少錢？
068　　3、如何找工作

Chapter 04
抵達日本之後

082　1、入境須知及法律手續
086　2、生活雜項的辦理方法

Chapter 05
生活的省錢小撇步

107　1、食：省什麼就是不能省飯錢
110　2、衣：吃飽了也要穿暖
112　3、住：金窩銀窩不如溫暖小窩
117　4、行：千里之行始於千金
122　5、育：學校是個燒錢的地方
125　6、樂：有錢要玩，沒錢也要玩

Chapter 06
實用日語會話帶著走！

130　PART 1　學校篇
133　PART 2　日常生活篇
141　PART 3　使用便利設施篇
146　PART 4　打工篇
152　PART 5　遇到緊急狀況篇

Chapter 01
規劃留學 or 遊學

1、設定目標
2、選擇報考目標
3、出發前的準備

1、設定目標

不管是留學、遊學還是旅遊打工，通常都是由一個憧憬或念頭開始的。我記得我決定要留學是在高中時代，那時候無比地想踏出國門，其實沒有特別決定要去哪裡，美國？歐洲？澳洲？考慮過許多熱門的選項之後，我最後決定要去日本。

我會選擇日本，有幾個主要的原因，首先，是因為日本很近；其次，是因為日本無論在文化、歷史等各方面，跟台灣都有淵源，在適應上的隔閡可能比較小；最後，是因為我曾幾次到日本去旅遊，覺得日本對台灣的態度比較親切。

我的個性算得上是小心翼翼的，沒什麼冒險的膽子，雖然有背水一戰的決心，還是想找個危急時候容易尋求到支援的留學地點，我沒有任何留學的經驗，也不知道自己可以走到哪裡去，相對於歐美等國，我比較熟悉的日本是個很好的起點。

當初實在沒有想太多，只覺得日本又近又方便，如今在這裡的大學待了幾年，倒是可以告訴大家，日本的大學較有制度、治學嚴謹，日本社會也算友善，尤其不得不提的是，在三一一震災之後，日本對台灣的好感達到一個新的巔峰，如果非常害怕出外遭受種族歧視或排擠，日本是個好選擇。

當然，我還可以再列舉更多日本的特色，各位也可以好好考慮自己與日本的適應性，對於自己是否要在某個陌生的國家落腳，多花一點時間好好研究總是沒錯的。

現在，既然先假設已經決定好要去日本了，那就該好好開始規劃了！踏出國門最重要的是一開始的憧憬與勇氣，不過想要在這條路上走穩，依靠的還是多了解、多準備，以及充分的規劃囉。

介紹日本學制

首先，我想先介紹一下日本的學制。

留學生的選擇通常有：專門學校、短期大學、大學或研究所，前三者需要的是高中學歷，研究所需要的則是大學學歷。

日本的專門學校種類繁多，不管是文科、理科、廚藝學校，還是最近風行的動漫、聲優，可說是應有盡有。專門學校耗費的年數較少，通常只專精於一個領域，留學生如果有個清楚的學習目標，專門學校也是個好選擇，不過有許多專門學校的學歷，台灣並不承認，對於這點必須好好思考選擇。

如果不知道要怎麼選擇專門學校，可以參考專門的指南網站：

參考資訊

專門學校導航

http://www.senmon-navi.com/

專門學校指南

http://www.senmon-gakkou.jp/

日本的短大通常只需兩、三年，適合不知道自己畢業之後要工作還是要往上讀的學生，也有許多所短大的學歷是不被承認的，不過許多名校都有附設短大，先進入短大，再用編入學（插班考試）的方式進入大學也不失為一種方法。

日本的大學與台灣相同，通常是四年制，只有醫學、齒科（牙科）、藥學、獸醫學是六年制，只要在台灣高中畢業，就具有報考日本大學的資格，對於日本大學的學歷，台灣通常都會予以承認。

大學畢業之後就是研究所了，日文將研究所稱為「大學院」，每所大學對研究所的學制稱呼不同，大致上分成兩種，一種是兩年制的修士（台灣稱為

碩士）課程加上三年制的博士課程；另一種是兩年制的博士前期加上三年制的博士後期，雖然稱呼不同，但都分別可以拿到修士和博士的學位，另外，剛剛提過的醫、齒、藥、獸四個學科的博士課程則需要四年。

我把它簡單畫成如下的圖表，更容易了解：

日本大學學制

醫學、齒科、藥學、獸醫學

一般大學及研究所

	一般大學及研究所	醫學、齒科、藥學、獸醫學
12 11 10 9		博士課程（博士後期）（取得學位：博士）
9 8 7	博士課程（博士後期）（取得學位：博士）	修士課程（博士前期）（取得學位：修士）
6 5	修士課程（博士前期）（取得學位：修士）	大學（取得學位：學士）
4 3 2 1	大學（取得學位：學士）	

進入大學和研究所讀書，稱之為留學，拿的就是「留學簽證」，至於專門學校或短大，就要看每所學校的規定，也有不招收留學生的學校，通常學校在招生的時候都會明確記載，如果沒有寫明，卻又想進去就讀，也可以直接打到學校去詢問。

日本並沒有很清楚地區分留學與遊學，留學的目標很清楚地是出國讀書、取得學歷，和這樣的目標相比照，遊學則傾向於獲取經驗，例如專門學校的定位就比較像是遊學，其他還包括進入台灣的大學之後，再從大學前往日本一年的交換留學，或者短期留學，其實都可以歸屬為遊學，拿的到底是「留學簽證」，還是可滯留年數比較短、限制比較多的「就學簽證」，必須要看各學校的規定。

要不要先讀語言學校？

另外，到底需不需要讀語言學校，一直都是留學生的一種迷思。有許多人認為語言學校是必要的，但我目前還沒看過大學招生時提及考生必須擁有語言學校的經歷。我自己就沒有讀過語言學校，主要是因為語言學校的學費和大學差不多，並且通常只能取得「就學簽證」。如果日語能力不錯，而且有考上大學的自信，可以考慮跳過語言學校，直接考大學，又省時又省錢。

> 我是練好日文能力，直接報考大學的。

當然，語言學校並非全無用處，語言學校的課程分得很細，從三個月的短期班到一年、兩年的進修班都有，如果經濟上不那麼緊迫，可以選擇讀短期的語言學校，幫自己適應環境。不過，要讀為期三個月的語言學校課程，通常只能辦理「觀光簽證」，無法租房子、辦手機、開銀行帳戶等等，也無法打工。

語言學校有專為考大學設計的課程，適合毫無頭緒的考生，有些語言學校和大學有良好關係，或者直接附屬於大學，值得打聽、確認後加以選擇；但在選擇語言學校時必須謹慎，例如有些大學會使用地名來做為校名，地名並不專屬於大學，所以與大學同名的語言學校不見得就是附屬於大學，甚至有誤導考生之嫌。因此別片面地光看語言學校名稱就自己連上等號，建議多加參觀比較、多聽風評來判別是否進入。

　　如何辨別某家語言學校到底屬不屬於某所大學？通常，語言學校會標明自己附屬於大學，假使沒有標明，最好的確認方式當然是直接詢問想要應考的該所大學，要是不知道該怎麼詢問，或日語能力尚不流利，也可以從大學的網站上面尋找，各所大學會把所有相關機構列在大學介紹的組織圖裡，或者是列在關聯設施裡面，包括附屬於大學的專門學校、短大以及語言學校。

例如這所語言學校就這麼標明：

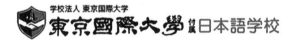

從東京國際大學的網站上也可以找到相關連結：

入試に関するお問い合わせ先	学校所在地	関連施設	▶ ホーム
TEL 049-232-1116（入学センター）	▶ 第1キャンパス 〒350-1197　埼玉県川越市的場北1-13-1	▶ 共用パソコン室	▶ このサイトについて
		▶ 語学教育ラボラトリー	▶ プライバシーポリシー
その他のお問い合わせさき	▶ 第2キャンパス 〒350-1198　埼玉県川越市的場2509	▶ 図書館	▶ 公的研究費の管理・監査 　のガイドライン
各種お問い合わせ先一覧	▶ 坂戸キャンパス 〒350-0245　埼玉県坂戸市四日市場81-1	▶ 臨床心理センター	▶ サイトマップ
		▶ 国際交流研究所	
	▶ 高田馬場サテライト 〒169-0075　東京都新宿区高田馬場4-23-23	▶ 付属日本語学校	
		▶ 法人本部	
	▶ 東京国際大学アメリカ校 1300　Mill Street S.E., Salem, OR97301, U.S.A.		

如果對直接考入這所大學沒有把握，先進入這所語言學校，就會有比較高的成功率。

至於旅遊打工，則完全和讀書無關，將重點放在旅遊和打工上，拿的簽證是為期一年的「特定活動簽證」，所謂的特定活動範圍既廣且雜，包含從技術支援到文化交流等等，旅遊打工即分在這一類。

　　如果拿的是留學或就學簽證，必須要申請一個「資格外活動許可」才可以打工，因為工作並不是學生的本分，第一次辦理簽證的時候就可以同時申請資格外活動許可，辦理簽證延期的時候也可以同時申請，只是多交一份資料而已，建議即使現在沒有工作，或者暫時不考慮工作，也把這個許可申請下來，以免在想要找工作的時候造成困擾。另外資格外許可有諸多限制，例如一週不可打超過二十八小時的工，或者不可在色情、賭博行業打工等等，要找工作之前最好確認一下，以免違法。

　　至於用旅遊打工資格取得的「特定活動簽證」不必再申請資格外活動許可，就可以直接找工作。如果擔心規則有所異動，可以直接拿護照到處理外國人相關事務的「入國管理局」（http://www.immi-moj.go.jp/）去做詢問。

　　如果目的並非讀書，而是想體驗日本的社會及生活，同時賺一點錢貼補旅費，旅遊打工會是很好的選擇。

　　本書所提到的「留學」包括留學與遊學，與「旅遊打工」劃分為兩個不同的章節，讀者可以翻閱特定的章節來取得比較詳細的資訊。

參考資訊

入國管理局
http://www.immi-
moj.go.jp/

2、選擇報考目標

如果已經決定好留學，接下來就該考慮報考的目標了！專門學校和短大以實用性課程為主，進去之後要學什麼，都標示得很明確，比較不會有該考哪所學校的煩惱；研究所則延續大學時的鑽研領域，通常必須先有想要跟隨的教授，再與教授聯繫、提出研究報告等等，當教授答應收為門生，這才進入學校，所以與學校的關連反而較少，與教授倒有直接的關係。

大學擁有眾多科系，這裡先來探討一下挑選大學的問題。

先挑校？還是先挑系？

相信大家都會存著「名校就是好」的觀念吧！名校之所以能成為名校，當然是因為很優秀的緣故，但要說每個科系都好，就是以偏概全、有盲點了。日本與台灣在挑選學校的概念上有一個很大的不同點，就是日本傾向於「挑系不挑校」，例如早稻田大學雖然是名校，有名的卻是文科，如果要提到經營、商學，一橋大學才是更好的選擇，然而一橋大學這所日本人心目中的商學系「超級名校」，在台灣卻很少聽到。

在日本，即使考入一所名校，如果讀的不是它的名系，就不會受到特別的重視。報考日本的大學之前，必須要先決定自己想讀的科系，再由科系來挑選報考的大學，這才是正確的抉擇。尤其大部分學校都規定留學生不得轉系，如果只是因為想進入某所大學，就考了、讀了一個不適合自己的科系，不僅會度過痛苦的四年，日後要在日本找工作，甚至會因這點被扯後腿：「他讀的並非是這所大學的招牌科系，或許他並不是那麼優秀吧！」因而，建議還是要抱有「名校不如名系」的觀念，才能在一開始就走對路。

以我自己的例子來說，我就讀的國學院大學在台灣毫無知名度，我到現在還沒碰過「自報校門」時，對方回應「有聽過這所學校」的狀況，那麼為什麼我會去考這所學校呢？

當初我在煩惱應考目標時，我的日文老師非常斬釘截鐵地說：「想讀文學，那就是早大、慶應、國學院。」我心想，早大和慶應是名校，國學院聽都沒聽過，為什麼會被排在第三名？調查之後才發現，原來它是明治維新時，為了保存日本傳統文化而設立的機構，所以古典文學和日本傳統的神道學正是它的強項，如果是以文學為目標，列為前三志願並不是沒道理，反倒是極為恰當的。

此外，由於留學日本並非採統一分發制，所以每所學校的考試科目不盡相同，例如同樣是文學系，早大規定必須要考英文和日文，非常重視英文實力；而國學院大學考的是小論文（日文作文），重視的是日文理解和敘述能力。

大學招生時，會明確公布要考的科目，建議考生根據自身能力來考量，假如英文不佳，考慮不要去特別重視英文程度的大學硬碰硬，才不會遭到滑鐵盧，自己若不擅長歷史、地理，應避開要考史地科目的大學，這才有勝算。

那麼，以下就根據我查詢的資料，以及詢問同學們的意見，來做一張應考目標的簡表，提供有意留學日本的讀者作參考。不過，日本有超過七百所大學，這裡列出的只是留學生可能會比較有興趣的學校，如果有更詳細的期望條件，可以參考專門提供大學資料的日本網站，例如：http://passnavi.evidus.com/（考大學導航），加以「研究」。

以下表格，分為國立大學和私立大學，順序根據校名的羅馬拼音排列。日本大學通常擁有複數校區，不同的學系位於不同校區，此處所記錄的最近車站是指離主校區或入學課最近的車站，即能索取報名簡章等資料的地方，如果是想到自己往後可能就讀的地方參觀，可以從學校的網站上參考不同校區的學系配置及交通方式。

參考資訊

考大學導航
http://passnavi.
evidus.com/

國立大學

　　大部分的國立大學文科以法律學系為主，理科以醫學系最強。國立大學的資源豐富、歷史悠久、學費低廉，而且畢業之後對於找工作也很有幫助，但通常都相當難考，考生可以衡量自己的能力，找出最需要補強的科目，優先應考國立大學。另外，除了某些專精於某個領域的大學之外，綜合大學的推薦學系都很相似，此處不個別進行冗長的介紹與推薦，可以參考東京大學的部分。

千葉大學／http://www.chiba-u.ac.jp/

位於千葉縣千葉市，最近的車站為西千葉站。

東京藝術大學／http://www.geidai.ac.jp/

位於東京，最近的車站為上野站。由東京美術學校及東京藝術學校合併而來，目前也只有美術與音樂兩個學系，培育了大量具有代表性的藝術家。

廣島大學／http://www.hiroshima-u.ac.jp/index-j.html

位於廣島縣東廣島市，由於校區離車站有一段距離，推薦坐公車前往，詳細的公車路線圖可參照大學網站。

一橋大學／http://www.hit-u.ac.jp/

位於東京，最近的車站為國立站。一橋大學是日本最早的社會科學系大學，以商學起家，當時只有商學系，現今也只有商學、經濟學、法學、社會學四個學系，其中以經濟學系最有名。一橋是日本眾所周知的商系名校，難考程度不下於同樣是名校的京都大學。學風務實，被稱為菁英的搖籃，以比率而言，不管是國家考試還是就業率，都位於日本的頂端。

北海道大學／http://www.hokudai.ac.jp/

位於北海道札幌市，最近的車站為札幌站。日本的七所帝國大學之一，農學系相當有名。

神戶大學／http://www.kobe-u.ac.jp/

位於兵庫縣神戶市，最近的車站為六甲站。前身為「神戶高等商業學校」，是日本第二所公立的商業高中。

金澤大學／http://www.kanazawa-u.ac.jp/

位於石川縣金澤市，由於校區離車站有一段距離，推薦從金澤站坐公車前往，詳細的公車路線圖可參照大學網站。

京都大學／http://www.kyoto-u.ac.jp/ja

位於京都，最近的車站為出町柳站。日本的七所帝國大學之一，排名僅次於東京大學。法學系相當有名，物理、化學、生物等自然科學領域，則一共出了五位諾貝爾獎得主。

九州大學／http://www.kyushu-u.ac.jp/

位於福岡縣，最近的車站為箱崎九大前站。日本的七所帝國大學之一。

名古屋大學／http://www.nagoya-u.ac.jp/

位於愛知縣名古屋市，最近的車站為名古屋大學站。日本的七所帝國大學之一。

新潟大學／http://www.niigata-u.ac.jp/

位於新潟縣新潟市，最近的車站為新潟大學前站。校區非常廣大，光五十嵐校區就有約十三個東京巨蛋的大小。

御茶之水女子大學／http://www.ocha.ac.jp/

位於東京，最近的車站為茗荷谷站。前身為「東京女子師範學校」，現在是日本最有代表性的女子大學，非常重視女性的教育及自立。

大阪大學／http://www.osaka-u.ac.jp/ja

位於大阪，最近的車站為北千里站。日本的七所帝國大學之一。

東北大學／ http://www.tohoku.ac.jp/japanese/

位於宮城縣仙台市，由於大部分校區離車站並不是很近，推薦從仙台車站坐公車前往，詳細的公車路線圖可參照大學網站。日本的七所帝國大學之一，法學系特別有名。由於位於寒冷的東北，在氣候上可能會讓台灣人難以適應，但同時也擁有相當具特色的地方文化，以及豐富的自然景觀。

東京大學／ http://www.u-tokyo.ac.jp/

位於東京，離著名的本鄉校區最近的車站為東大前站或本鄉三丁目站。眾所諸知的日本第一名校──東大，挑系不挑校的法則對東大而言是沒有必要的，一般社會價值觀認為，只要能考上東大，不管是什麼系都好。不過東大也是出名的公務員學校，畢業生多數進入政府機關任職，曾被批評東大學生都是鯛魚燒（指都是機器印出來的一模一樣的成品），這到底是酸葡萄心態還是社會現況見人見智。所以，究竟要不要戴上名校光環，戴著光環又能不能走自己的路，就要看考生本人的選擇了。

雖然都說考上東大就沒必要挑系了，但還是簡略介紹一下普遍公認最優的目標科系：東大文科最有名的是法學系，理科則是醫學系。入學考試時會分為：文科一類（以法律、政治為中心）、文科二類（經濟）、文科三類（語言、思想、歷史）、理科一類（數學、物理學、化學）、理科二類（生物學、化學、物理學）、理科三類（生物學、化學、物理學）。雖然考試時有分別，但入學一年半之後會以學生的志願和成績進行學系學科的內定，入學時無論是什麼類別，都有進入任何學系的可能性。不過想要進入醫學系最好報考理科三類。

東京醫科大學／ http://www.tokyo-med.ac.jp/

位於東京，最近的車站為新宿御苑前站。如校名所示，專精於醫療、看護等相關科系，擁有三所附設醫院。但只接受姊妹校的交換留學，在台灣的姊妹校有中山醫學大學及台北醫學大學。

東京外國語大學／ http://www.tufs.ac.jp/

位於東京，最近的車站為多磨站。最有名的語言文化學系細分為將近三十種語言，不只是外文，這之中也包含日語，對於想徹底學習並了解日語的留學生而言，是個相當好的選擇。

東京工業大學／ http://www.titech.ac.jp/

位於東京，最近的車站是大岡山車站。擁有理學系、工學系、生命理工學系三個學系，如校名所示，是完全專精於理工科的學校。

筑波大學／http://www.tsukuba.ac.jp/

位於茨城縣，最近的車站為筑波站。前身是「東京教育大學」，是日本第一所設立的師範學校。非常重視與民間企業的產業合作，也很擅長技術開發。

橫濱國立大學／http://www.ynu.ac.jp/sp/

位於神奈川縣橫濱市，由於從橫濱車站走路需要超過二十分鐘才會到達正門，建議搭乘巴士可直接進入校區之內。橫濱是日本鎖國時期最早開港的都市，貿易及商業、工業相當發達，橫濱國立大學也承襲了自由開放的港都風采，比起理論性的研究，更加重視實用性及技術性高的學問。

私立大學

　比起國立大學，私立大學的學費較貴，但在師資及對畢業後找工作的助益上，並不遜於國立大學，不少私立大學的名氣甚至比國立大學更高，但總體而言私立大學的入學門檻仍比較低，不像國立大學會要求學生的能力面面俱到，對於科目成績偏差嚴重的學生來說十分有利。私立大學挑系不挑校的程度更勝於國立大學，大部分學校都有自己的主打科系，優點是學校會較有特色，缺點則是對科系之間的重視程度不平均，即使學校本身並沒有這樣的打算，也可能會造成資源分布不均的狀況，所以比起考上了就萬事大吉的國立學校，在挑選私立學校及科系的時候，要更慎重調查、決定。

青山學院大學／http://www.aoyamagakuin.jp/

位於東京，最近的車站為澀谷站。基督教學校，校內會進行禮拜，也有唱詩班等社團活動。注重英語教育和國際交流，以國際政治經濟學系聞名。

文化學園大學／http://www.bunka.ac.jp/

位於東京，最近的車站為新宿站。前身是裁縫學校，以服裝學系最有名。除了四年制的大學之外，也有短大和專門學校。

中央大學／http://www.chuo-u.ac.jp/

位於東京，最近的車站為中央大學站。是法界人士所創立的學校，以英美法聞名，最有名的是法學系，相當重視學生的司法考試以及畢業後的出路。其次為經濟學系，以培育會計師聞名。

同志社大學／https://www.doshisha.ac.jp/

位於京都，最近的車站為今出川站。以「基督教主義」、「自由主義」、「國際主義」為教育理念，校內有禮拜堂。在產官學（業界、官方機構、學術界）合作上非常有名。在世界各地擁有數量龐大的姊妹校，光在台灣就與包含大學、學系或者日語教育機構在內的十六所學校締結關係，相當具有國際視野。除了四年制的大學之外，也有為期約兩周的短期留學。

學習院大學／http://www.gakushuin.ac.jp/univ/

位於東京，最近的車站為目白站。創校以來就是日本皇室就讀的貴族學校，非常有名氣。2013 年開設的文學系教育學科，為當前皇族的佳子殿下正在就讀的新學科，擁有最新的設備，但主要是在培育小學教師。文學系史學科擁有非常多富有名望的教授，例如在 NHK 電視台（相當於日本的官方電視台）擔任講座的教授，或者是編輯日本史教科書的教授等。以畢業論文必須要手寫一百張稿紙聞名。另外，經濟學系的經營學科則相當注重就職。

法政大學／http://www.hosei.ac.jp/

位於東京，最近的車站為市之谷站。校如其名，以法學部為招牌，善長培育法律界的事務人員如：法官、檢察官、律師等。另外，擁有課程全程英語教學的 GIS（Department of Global and Interdisciplinary Studies）學系，發展跨國際跨領域學科，因為沒有日文的基本要求，適合日文程度不佳的學生，但由於全程英語授課，對申請入學、應考的考生，不像其他科系會區分日本人與留學生，因此，有意申請入學者在索討留學生專用簡章時，將不會從簡章上看到 GIS 學系申請字樣，而必須索取 GIS 學系專用的簡章，值得特別注意。此外，位於多摩校區的社會學系擁有著名的教授，現代福祉學系則因為校區環境良好、氣氛悠閒，適合輕鬆愉快的大學生活。

慶應義塾大學／http://www.keio.ac.jp/index-jp.html

位於東京，最近的車站為三田站。無論是在台灣還是日本，慶應大學都享有極高的聲響。慶應治學嚴謹，經濟學系和文學系都非常有名，醫學系則擁有大學醫院，能夠提早進入醫療現場。

近畿大學／http://www.kindai.ac.jp/

位於大阪，最近的車站為長瀨站。是西日本最大的綜合大學，校地面積也是西日本的私立大學之中最廣的。前身為理工大學，接受民間企業的研究委託件數在大學之間名列前茅。

國學院大學／http://www.kokugakuin.ac.jp/

位於東京，最近的車站為澀谷站。最早是為了在西化的年代保護日本傳統文化而設立，強項為古典文學，文獻館藏豐富；擁有神道學系，是日本僅有的兩所可以取得神社神職人員資格的大學之一（另一所是皇學館大學），校內有附設神社；考古學系也相當有名，校內有附設博物館。文學系雖然以培育小學、國中、高中教職為主，並不適合外國人，但擁有可以獲得「日本語教師」的副專攻系統，修滿單位可以在畢業的同時拿到證書，有利於日語教師的應徵。

明治大學／http://www.meiji.ac.jp

位於東京，最近的車站為御茶之水站。是日本最早設立商學系的大學，校方也非常重視商學系。例如一般學系只需要加入一個研討發表會，商學系卻有兩個，或者商學系的畢業所需單位數比較多。其次，明治大學是以法律學校起家，所以法學系也很有名。另外，有政治經濟學系可以輕鬆畢業的傳言。

日本大學／http://www.nihon-u.ac.jp/touch/

位於東京，最近的車站為市谷站。前身為「日本法律學校」，法學系及理工學系最有名。

立教大學／http://www.rikkyo.ac.jp/

位於東京，最近的車站為池袋站。前身是基督教聖公會傳教師所建立的學校，屬於基督教大學，擁有禮拜堂和基督教學科，但校風講求自由，並無硬性規定學生的信仰。較有名的學系是經營學系的經營學科，相當注重學生的就職。

立命館大學／http://www.ritsumei.jp/index_j.html

位於京都，最近的車站為龍安寺站或等持院站。前身為「私立京都法政學校」，法學系最為有名。藥學系之外的學系都接受四年制的正規留學生，除此之外，也接受為期五周到一年的短期留學生。

專修大學／http://www.senshu-u.ac.jp/

位於東京，最近的車站為神保町站。最初由明治時代的留美學生創立，現在也對留學生相當親切。經濟學系及法學系較有名。

上智大學／http://www.sophia.ac.jp/

位於東京，最近的車站為四谷站。天主教學校，英文名稱為「Sophia」，擁有神學系。相當注重國際交流及國際化，最有名的學系是外國語學系以及文學系。

拓殖大學／http://www.mobi.takushoku-u.ac.jp/

位於東京，最近的車站為茗荷谷站。前身為「台灣協會學校」，對國際交流及接納留學生態度積極開明，尤其因為建校歷史與台灣關係密切，在台灣籍留學生之中是相當有名的學校。商學系和外國語學系較為有名，但外國語學系並沒有包含日語學科。

東洋大學／http://www.toyo.ac.jp/

位於東京，最近的車站為白山站。前身為「私立哲學館」，相當注重哲學教育，較有名的科系除了文學系的哲學科之外，還有經濟學系。

東海大學／http://www.u-tokai.ac.jp/

學校總部位於東京，最近的車站為代代木上原站，但由於校區較多且學系分布較為平均，學系數量最多的校區位於神奈川縣，最近的車站為東海大學前站。學系數量眾多，例如擁有日本較稀少的北歐語言學科，以及和航空公司合作的航空學科，不過航空宇宙學科的航空操縱學專攻以及醫學部並不接受留學生。

東京理科大學／http://www.tus.ac.jp/

位於東京，最近的車站為飯田橋站。原本是為了推廣物理學而創立的學校，在理工方面非常強大，即使是經營學系，也以理學和工學的知識為基礎。

早稻田大學／http://www.waseda.jp/

位於東京，最近的車站為高田馬場站。無論是在台灣還是日本，早大都是眾所周知的超級名校，早大校風自由開明，在商界和媒體界有非凡的聲譽，畢業之後對於就職十分有幫助。當然，早大的入學門檻相當高，由於注重國際化，對於英文能力要求很高，建議目標為早大的考生，日文固然重要，但英文才是重點之中的重點。政治經濟學系和文學系最有名，理工學系也很有名。

※以上資料為2014年度春季入學的資料，大學的狀況、排名及入學考試的科目、方法偶有變動，考生在確定目標之後，一定要再從大學的網站上確認一次資料，也可以親自前往或致電向學校確認，以免發生誤差。

日本國立大學

 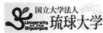

日本私立大學

日本專門學校

3、出發前的準備功課

現在，雖然已經下定決心要踏出國門、前往日本了，但並不是買了機票直接出國就可以的，還有很多事情必須在出國前完成，特別要注意的是有些事反而是要在台灣才能辦理的，如果不事先籌劃，到要出國的時候就來不及了。

參加日本留學展

雖然上文已經列出許多大學提供參考，不過畢竟仍需更進一步的詳細書面資料。每年在台北和高雄都會舉辦由「日本學生支援機構」（JASSO）主辦的日本留學展，會有大量的日本大學來台提供資訊及交流，是獲取書面資料最好的方法，也可以實際感受一下為留學作準備的氣氛。

除了JASSO之外，也會有其他大學或語言學校在台灣舉辦留學展，不過時間通常不固定，建議定期查詢，確認時間、地點，多多參加。畢竟比起網路上的問答，參加這樣的說明會或博覽會，才能得到最直接的、最新的資訊。

另外，雖然在留學展上，能獲得的資料通常侷限於大學的介紹，但有少部分的大學也會攜帶該年度的報名簡章（入學願書），如果對那所大學很有興趣，不妨積極詢問，假使能夠獲取簡章，就能省下事後申請寄送，甚至是要跑一趟學校的麻煩；即使對方並沒有攜帶簡章，積極開口詢問也會留下好印象，不失為一個機會。

> **參考資訊**
>
> 日本留學展
> http://www.jasso.go.jp/study_j/2014fair_j.html
> （現為2014年度留學資料，每年會定期更新，僅供參考）
>
>

像留學展這樣的博覽會，學校是為招生而來，即使是早大、慶應等名校，也通常十分親切，所以不用感到怯場，最好趁此良機，把所有想知道的細節都問出來，一次解開疑惑。如果日文不好，大部分的學校都有中文翻譯人員，應該不至於無法溝通，可以安心前往參加。

參加日本留學測驗（EJU）

留學測驗和日檢不同，專門評價外國學生是否擁有留學日本的能力，所以是每個大學都會要求的重要指標。與日檢最大的差異是，留學測驗沒有合格或不合格的分別，而是會給與考生一個分數，至於這個分數到底有沒有達到大學的錄取資格，就要看各大學的標準了。

留學測驗的考試日期在每年的六月和十一月，在台灣的考場只有台北一地，雖然在日本也有考場，但在台灣考試比較方便，報考費用也比較便宜，所以即使不是住在台北的考生，也建議在台灣考完之後再出國。不過根據每所大學的要求不同，有些可以接受兩年內的成績，有些只肯接受一年內的，甚至有大學只接受離申請最近的那場考試成績，所以並不是早考早好。

留學測驗一共有四個科目，分別是：日本語、理科（包括生物、物理、化學）、綜合科目（包括政治、經濟、社會、地理、歷史）、數學。四個科目不必全部報考，每所學校以及每個科系要求的科目不同，建議只報考學校要求的最低限就好，首先是節省資金和時間，再者，例如綜合科目的出題非常龐雜，如果不幸沒考好，拉低平均成績就得不償失了。

留學測驗的成績對每所大學來說都非常重要，雖然這個考試的名氣沒有日檢大，但比起日檢，有意願留學的考生更應該將時間、精力花費在這個測驗上，才是明智之舉。市面上也有非常多的參考書，考生可以根據科目來購買。

> **參考資訊**
>
> 日本留學試驗（EJU）
> http://www.jasso.go.jp/eju/
> （現為2014年度留學資料，每年會定期更新，僅供參考）

參加日語檢定（日本語能力試驗、JLPT）

日語檢定（簡稱日檢）分為從N5到最高級的N1，總共五個等級，用來評量學習者的日語能力，是目前最廣為人知，並且最受認同的日語能力測驗。不過，就留學而言，要求日檢成績的學校其實不多，並未規定日檢必須要通過哪一級數，大部分學校更看重的是衡量留學能力的「日本留學試驗」。

即使如此，日檢仍然是個重要指標，如果不想透過就讀語言學校來為考入日本大學作強化，建議至少要考過日檢N2，至於旅遊打工，更是要有一紙證書，才容易找到工作。市面上販售很多日檢的參考書，可以針對自己要考的級數來購買。

每年的七月和十二月，在台北、高雄和台中都會舉行日檢的考試，雖然在日本也有考場，但畢竟在台灣購買簡章、報名、應考都方便，仍然建議儘早考取得資格，如果擁有一張N1的合格證書，就等同於是對自己日文能力最好的推薦函。

> **參考資訊**
>
> 日語檢定 (JLPT)
> http://www.jlpt.jp/
> （現為2014年度留學資料，每年會定期更新，僅供參考）

日本語能力檢定 (JLPT)

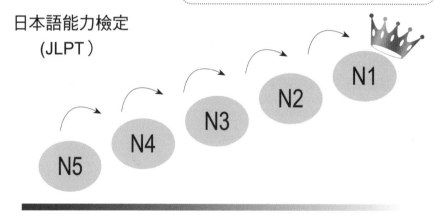

簡單　　　　　　　　　　　　　　　　　　　　困難

N1A072362J

日本語能力認定書
Certificate of Japanese-Language Proficiency

受験レベル Level
N1

受験地 Test Site
日本 Japan

受験番号 Registration No.
131 93

生年月日 Date of Birth (y/m/d)
/ / /

氏名 Name

上記の者は2013年12月に公益財団法人日本国際教育支援協会および独立行政法人国際交流基金が実施した日本語能力試験に合格したことを証明します。2014年1月25日

This is to certify that the person named above has passed the Japanese-Language Proficiency Test given in December 2013, jointly administered by Japan Educational Exchanges and Services and the Japan Foundation. January 25, 2014

公益財団法人 日本国際教育支援協会　独立行政法人 国際交流基金
理事長 井上正幸　理事長 安藤裕康

Masayuki Inoue　Hiroyasu Ando
President　President
Japan Educational　The Japan Foundation
Exchanges and Services

2013年第2回 日本語能力試験 合否結果通知書
The 2013 (December) Japanese-Language Proficiency Test Test Result

受験日 2013年 12月 1日 (日曜日)
Test Date December 1, 2013 (Sunday)
受験レベル Level: N1
受験番号 Registration No.: 131 93
氏名 Name:
生年月日 Date of Birth (y/m/d):
国・地域 Country / Region: CHINA

得点区分別得点 Scores by Scoring Section			総合得点 Total Score
言語知識(文字・語彙・文法) Language Knowledge (Vocabulary/Grammar)	読解 Reading	聴解 Listening	133/180
33/60	60/60	40/60	

A 正答率67%以上。 The number of correct responses is 67% or higher.
B 正答率34%以上67%未満 The number of correct responses is between 34% and 66%
C 正答率34%未満 The number of correct responses is less than 34%

参考情報 Reference Information	
文字・語彙 Vocabulary	B
文法 Grammar	B

合格 Passed

2014年1月25日 January 25, 2014

公益財団法人 日本国際教育支援協会　独立行政法人 国際交流基金
理事長 井上正幸　理事長 安藤裕康

Masayuki Inoue　Hiroyasu Ando
President　President
Japan Educational　The Japan Foundation
Exchanges and Services

申請獎學金

如果可以考上教育部的公費留學，當然就不用煩惱生活費了，但公費留學的難度高、名額少，大多數的考生仍然是私費留學的，那麼，能否申請到獎學金就至關重要了。

大部分的獎學金都是進入大學後才能申請的，不過留學測驗的主辦單位「日本學生支援機構」（JASSO）有一筆獎學金稱為「學習獎勵費」，考生在接受留學測驗的同時，就可以直接在台灣遞出申請書，如果成績優良，考上大學之後就能得到這筆獎學金。

申請學習獎勵費的方法非常簡單，留學測驗的報名表上有專門的欄位，只要在申請的地方劃圈就行，報名時順便提出申請，手續並不複雜，是個很好的選擇，建議先申請再說，如果考上大學之後有更好的選擇，再放棄也不遲。

申辦外幣戶頭

如果已經有前往日本的計畫，建議在有開辦有「外幣帳戶」業務的銀行裡開一個戶頭，隨時注意日幣匯率，碰到日幣便宜的時候可以先買一些起來存放，避免需要用錢的時候手忙腳亂。如果只是純粹旅遊，可能看不出很大的差別，但一旦決定留學，一次花出去的日幣可能就是一、兩百萬圓，就算只是些微的匯率差異，也會造成巨大的損失。

我前往日本留學的時候，正是日幣最貴的時候，幸好在出國的一年前就換了一筆錢，沒有一次損失太多，即使如此，也在高峰時期陸續換過幾次日幣，按按電子計算機和便宜時候的日幣匯率作比較，可說每一次換錢都心痛啊！

外幣帳戶不只能存日幣，也可以存其他的外幣，除了用在留學或旅遊之外，開一個帳戶、養成注意匯率的習慣，對於提早開始投資理財，也是個不錯的主意。

準備要帶的物品

畢竟要到一個陌生的國家去生活，什麼要帶、什麼不用？什麼要特別去買？什麼要隨身帶？什麼要用寄的？這是一定會猶豫的問題。以下列出幾項必需品和不用帶的物品以供參考。

衣物：當季的衣物是必須的，厚外套最好也帶上一兩件，以防萬一。除非有一到日本就逛街採購的閒情逸致，不然還是建議先從台灣帶，等摸清楚物價和慣常的打折期間，再在當地購買比較省錢。

寢具：棉被、枕頭等大件的東西可以在當地購買，不建議從台灣寄送。雖然大部分人不覺得日本的氣候能凍死人，不過其實九月的夜晚就足以把台灣人從夢中冷醒。我剛搬進在東京租的公寓時就是九月初，想著先蓋外套湊合一下，結果連續幾個晚上都冷醒好幾次，眼見錢還沒省到就要病倒了，不得不妥協，放棄從台灣寄被子來的想法。如果想要在買寢具上花時間比價以省錢，可以多帶一個輕便的睡袋。

日用品：浴室用品、廚房用品、生理用品全部不建議攜帶，在當地的藥妝店就可以快速又便宜地買到。至於化妝品就看個人習慣了，從台灣帶、在當地買或者在機場的免稅商店買都可以。

電腦：桌上型電腦或許在日本購買比較方便，筆記型電腦則可以從台灣攜帶，也不必擔心中文系統會在安裝網路等等事情上造成麻煩，因為筆電有自備變壓器，也可以直接插日本的插座沒有問題。至於平板電腦，雖然很輕也方便攜帶，但建議在日本購買，才會有網路配套方案，購買價格並不會差太多，否則另外申購網路絕對佔不到便宜。

小型電器用品：「留學就是要帶個大同電鍋」似乎是許多留學生的刻板印象，不過由於台灣和日本的電壓不同，其實不建議攜帶小型電器，日本網購電器用品很便宜，可以在網路上進行比較之後再做打算。另外，直接在日本購買，維修的時候也方便。這裡推薦一個比價網站：価格.com

參考資訊

価格.com
http://kakaku.com

電子辭典：旅遊打工的話，可以從台灣購買；留學生則建議在日本購買。最近的電子辭典收錄的範圍廣泛，包括很多日本的知識辭典，非常實用，還可以購買記憶卡或光碟來增添收錄辭典的數量，對留學生來說非常重要。

書：參考書、教科書或閒書，由於重量十足，如果沒有迫切需要，可以寄送，透過郵局海運從台灣寄到日本，大概兩個禮拜至一個月會到。可以把書跟衣服一起寄，以平衡重量。

食物：非常有趣的是，雖然食物在當地就可以買到，但大部分留學生如果放假回家，再次前往日本的時候，行李箱裡占最多空間的，通常是食物。總有些在外國吃不到的東西，不管是沙茶醬還是芒果乾，放一些在行李箱裡，可以避免一下子轉換飲食習慣時產生的不適，不過必須要注意有些食品（例如肉乾、水果）無法帶上飛機，最好先做確認，以免在機場就遭到沒收。

紀念品：帶一些有台灣風味的鑰匙圈、明信片之類的輕便紀念品，可以迅速和外國朋友建立關係，也可以讓他們對台灣有更深的認知或產生好感。像我很喜歡買一個十塊錢的國旗別針，用小紙袋裝了送人，多數日本人擁有收到禮物就會配戴的好習慣，因而可以看見他們在書包上配戴台灣國旗，十分有趣。像這種價值其實不高，但很有特色的紀念品，不妨帶一些在身上。另外，送日本人禮物時，一定要把價格標籤撕掉，禮物上面標示著價格，被認為是很沒有禮貌的行為。

⭕ 可以帶的物品	❌ 不建議帶的物品
・當季衣物、1～2件厚外套 ・筆記型電腦 ・食物(芒果乾、沙茶醬…等) ・具有台灣特色紀念品 　(國旗別針…等) ・電子辭典(旅遊打工目的用)	・寢具 ・日用品 ・桌上型電腦 ・小型電器用品 ・書 ・電子辭典(留學目的用)

Chapter 02

留學篇：行前準備

1、索取大學報名簡章

2、入學願書的填寫與寄送

3、規劃應考日程表

4、該準備多少錢？

1、索取大學報名簡章

現在，各位未來的留學生心中，是不是都設定了清楚的前三志願了呢？

注意，在前往日本應考之前，還有一個重要步驟，那就是報名！從向大學索取報名表、寫資料、準備各種文件和證件，一直到寄出為止，才是留學的前期作業之中最耗費時間的持久戰。

首先，日本的大學多半只接受書面報名，也就是必須向學校索取或購買日文稱為「入學願書」的報名簡章，接著在規定的日期之內填好，並寄送或繳交回學校，校方確認沒有問題之後，才會寄出准考證。

入學願書的獲得方式有三種：

第一種　是學校直接公布在網路上，可以自行下載後，列印出來使用，例如早稻田大學即採用這種方法。

第二種　方法是透過「資料請求」（即從網路上申請），請學校寄送。

第三種　是親自或委託他人到日本的學校索取或購買，有些學校的願書是免費的，例如國學院大學，到入學課言明要外國留學生專用的入學願書，就可以拿到，而例如立教大學，則必須到學校賣店（福利社）去購買。

示範如何填寫索取報名簡章

（1）網路申請（https://www.umcnavi.jp/kokugakuin/index.html）：

國學院大學　入学情報

□ ■Kokugakuin University Admissions Information■ □

資料請求

❶ ◆資料送付に関する必要事項を入力してください。
　　　　　※印は入力必須項目です。

❷
◆**大学案内・入試情報ガイド(無料)**
□ 2015大学案内
□ 2015入試情報ガイドブック
□ 北海道短期大学部入学案内

❸
◆**学部ガイドブック(無料)**
□ 中国文学科リーフレット
□ 神道文化学部ガイドブック
□ 法学部ガイドブック
□ 経済学部ガイドブック
□ 人間開発学部ガイドブック

❹
◆**問題集(無料)**
□ 平成26年度版一般入試問題集

希望資料※

❺
◆**入試要項(一般入試要項のみ有料、その他無料)**
□ 公募制自己推薦(ＡＯ型)入試要項　※受付終了
□ 社会人特別選考入試要項
□ 院友子弟等特別選考入試要項　※受付終了
□ 神道宗教・神職養成・専攻科・別科入試要項
□ 学士・編入学試験要項
□ 外国人留学生入試要項
□ 一般入学試験要項(予約受付中)
　　※発送は10月上旬頃となります

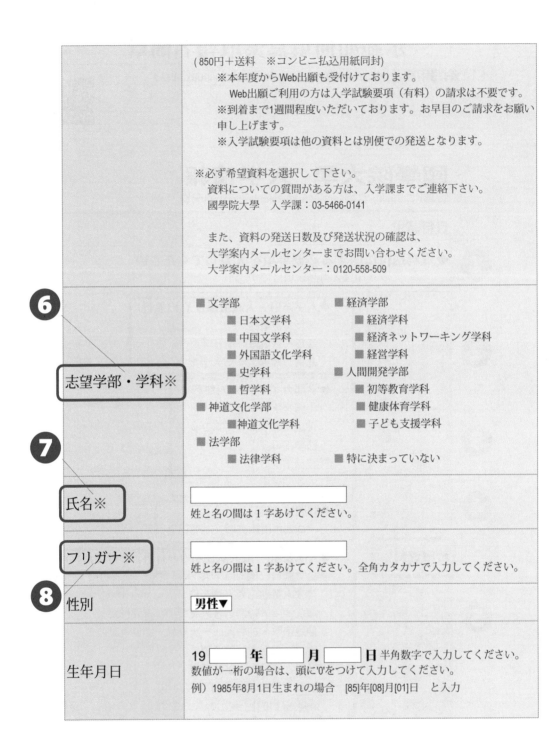

（850円＋送料　※コンビニ払込用紙同封）

※本年度からWeb出願も受付けております。

　Web出願ご利用の方は入学試験要項（有料）の請求は不要です。

※到着まで1週間程度いただいております。お早目のご請求をお願い
し上げます。

※入学試験要項は他の資料とは別便での発送となります。

※必ず希望資料を選択して下さい。

　資料についての質問がある方は、入学課までご連絡下さい。

　國學院大學　入学課：03-5466-0141

　また、資料の発送日数及び発送状況の確認は、
大学案内メールセンターまでお問い合わせください。
大学案内メールセンター：0120-558-509

❻

志望学部・学科※

■ 文学部
　■ 日本文学科
　■ 中国文学科
　■ 外国語文化学科
　■ 史学科
　■ 哲学科
■ 神道文化学部
　■ 神道文化学科
■ 法学部
　■ 法律学科

■ 経済学部
　■ 経済学科
　■ 経済ネットワーキング学科
　■ 経営学科
■ 人間開発学部
　■ 初等教育学科
　■ 健康体育学科
　■ 子ども支援学科

　■ 特に決まっていない

❼

氏名※

姓と名の間は1字あけてください。

フリガナ※

姓と名の間は1字あけてください。全角カタカナで入力してください。

❽

性別

男性▼

生年月日

19□□年□□月□□日 半角数字で入力してください。
数値が一桁の場合は、頭に'0'をつけて入力してください。
例）1985年8月1日生まれの場合　[85]年[08]月[01]日　と入力

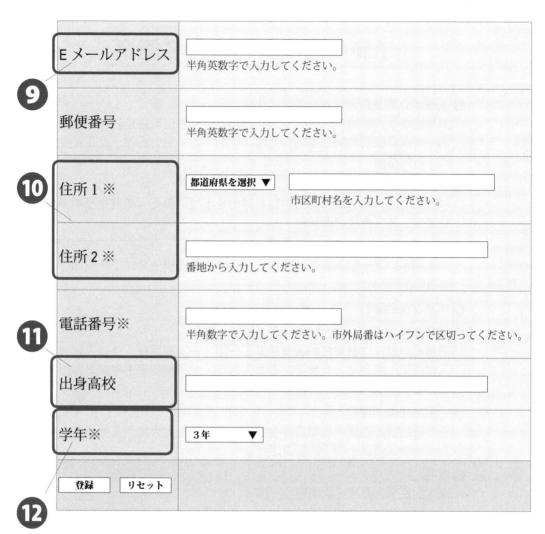

Eメールアドレス	[_____] 半角英数字で入力してください。
郵便番号	[_____] 半角英数字で入力してください。
住所1※	都道府県を選択 ▼　[_____] 市区町村名を入力してください。
住所2※	[_____] 番地から入力してください。
電話番号※	[_____] 半角数字で入力してください。市外局番はハイフンで区切ってください。
出身高校	[_____]
学年※	3年　　　▼
登録　リセット	

9 Eメールアドレス
10 住所1※
11 電話番号※
12 登録

【注意事項】

1．必要事項が正確に入力されていないと資料が届かないことがあります。

大学案内メールセンター　國學院大學資料請求係
TEL 042-710-0856
受付時間：9:00〜18:00(月曜〜金曜：土日祝日除く)

示範如何填寫索取報名簡章

❶ 大學的介紹及應考情報指南書（免費）

例如國學院大學擁有位於北海道的短期大學，和位於東京的大學是分開的，索取介紹書時記得確認有否選錯校區，如果沒有把握，反正是免費的，最好全選。

❷ 學系指南書（免費）

科系的詳細介紹，沒有列出的科系可能是不提供郵寄，或者是根本沒有指南書，建議直接詢問學校。

❸ 考古題（免費）

此處顯示的是一般入學考試的考古題，所以與留學生考試並無關係，建議直接詢問學校。

❹ 申請寄送的資料

❺ 入學考試綱要（一般考試須付費，其餘免費）

即報名簡章，每個學校的收費標準不一定。一定要選擇「外國人留學生入試要項」的項目，其餘考試看個人需求，但只有留學生考試是專門提供給留學生的，注意不要選錯。

❻ 志願的學系和學科

應是做為統計之用，和申請時會拿到的資料並無太大關係。如果尚未決定，可以選最後一項「還沒決定好」。

❼ 姓名

漢字的姓名，姓和名之間要空一格。

❽ 姓名的片假名發音

姓和名之間要空一格。

❾ 電子郵件信箱

❿ 住址

通常必須填寫在日本的地址，可事先詢問學校能否寄到國外。

⓫ 就讀的高中

⓬ 學年

如果目前是高中生就選擇數字，已經畢業就選擇「已畢業」。

（2）書面申請：

正面

反面

超省！報名 & 勘查考場一次搞定

　　如果人不在日本，學校又不提供下載，就只有透過資料請求，向學校申請寄送願書。但部分學校不提供寄送願書到海外的服務，可寄送的學校也通常不推薦這個方法，考慮受到氣候條件、國際情勢等影響，願書到達時間可能會大幅延遲，考生一定要提早申請。尤其是必須花錢購買的願書，通常得先將國際支票寄到學校，學校確定收受無誤後才會寄送願書。

　　如果有親戚朋友居住在日本，倒是可以請他們幫忙申請，取得願書之後再轉寄到台灣，雖然多了一道手續，但其實是比較快也較不會出問題的方法。假使真的必須請學校郵寄海外，一定要注意提早申請，最好是在開放申請的第一時間內就趕緊提出，並且確認學校到底接受什麼付費方式。

　　如果狀況允許，其實還是推薦考生自己前往學校索取，這樣做有幾項好處，首先當然是可以避免寄送途中發生的不確定性；其次是為了先確認、勘查考場，畢竟日本是陌生的國家，若是等到赴考當天被複雜的鐵路系統困住，或者在前往大學的途中迷路，甚至只是找不到考場，就慘遭滑鐵盧，也太冤枉了，因此相比之下，有過一次實地前往大學的經驗還是能讓人安心的。

　　再者，直接到學校索取也可能獲得比較多的資訊和資料，有些學校非常親切，我記得我去專修大學索取願書時，他們不但整理出一整袋的資料，甚至提供我一個袋子來裝，還送了不少贈品。

　　除了上述的理由之外，在應考前先看看大學的環境，可以實際感受一下這所大學的氣氛是否適合自己，如果心嚮往之，非常有助於提起幹勁來應考。大學的環境其實也是個很重要的選擇指標，親眼見識一下，有時候甚至會影響心目中的排名順序呢！

　　從申請願書到放榜，不一定能夠壓縮在三個月之內完成，並且，持觀光簽證在日本無法租房子，如果住旅館三個月，才是真正的荷包大失血。要怎麼樣才能多少省一點經費呢？

首先，可以購買期限最短的飛機票就好。如果要考的幾所大學之間並沒有離得太遠，例如都在東京，那麼一天之內至少跑三所大學是絕對可行的。可以按照各所大學的遠近關係排行程，規劃在兩天之內跑完就好。不過，要注意的是，很多大學擁有兩個以上的校區，必須事先查詢自己要前往的是哪個校區，才不會多跑一趟。大學的網站上都有詳細的地址和地圖，可以先在台灣列印出來，以防到時候找不到路。

　　至於住宿問題，近年來風行的膠囊旅館（カプセルホテル）是個省錢的好方法，可以從網路尋找要前往的地方附近是否有便宜的旅館，有些甚至可以從台灣就先預定好房間。

　　或是也可以考慮網咖，日本很多網咖功能齊全，不但有包廂可以睡覺，還有飲料吧及浴室，相較台灣網咖常給人不良青少年聚集的負面印象，日本網咖比較像是商務人士或打工族錯過了最後一班電車，不得不找地方睡覺時的選擇。

　　有附設浴室的網咖會販賣沐浴乳等等盥洗用品，不想當場購買的話，可以自己攜帶小份量的旅行包。網咖比旅館便宜得多，而且大部分包廂可以從裡面鎖起來，在安全性上算是尚可接受的，此外，也有區分出非吸菸區；但缺點當然是隔音較差，對聲音和光線敏感的人，這並不是個好選擇。有些網咖需要登錄會員，用護照就可以登錄。

　　至於交通問題，除非會搭乘到新幹線，否則停留期間太短，可能不適合購買日本國鐵周遊券（JR RAIL PASS）。日本的鐵路系統相當複雜，可以基本分為國鐵、私鐵、地下鐵三類，建議把位於國鐵車站附近的學校排在一天，位於地下鐵車站附近的排在一天，當天就購買一日周遊券，這樣是比較省錢的做法。而私鐵通常會和國鐵及地下鐵系統做連結，並沒有私鐵周遊券販售。周遊券在各車站的售票機就可以直接購買。

　　在日本花費最貴的就是住宿費和交通費，不只是到學校索取報名簡章是如

此，一般旅遊時也是貴在住宿、交通，如果能從這兩項作節省，就能省下許多錢。取得報名表之後，並不必急著在日本寄出，可以回台灣準備齊全之後，再寄國際郵件到學校就好。

留學行前準備

1. 建議親自前往日本學校申請願書；或請住日本的親戚、朋友幫忙申請

2. 購買便宜、短程最短的飛機；選擇便宜的住宿（例如膠囊旅館、網咖）

3. 搭乘便宜的交通工具勘查考場，建議把國鐵車站附近學校排在一起，位於地下鐵車站附近排一天，使用 1 日周遊券

報名、勘查一次就可完成 !!

2、入學願書的填寫與寄送

每所大學需要的報名資料大同小異，不出以下三類：

一、證書類，例如畢業證書、成績單。

二、文書類，例如自傳、推薦信。

三、單據類，例如繳費證明。

證書類的文件，大部分大學會要求正本，當然自己手上的畢業證書正本只有一張，該怎麼應付？這時只能回到自己畢業的高中教務處，重新申請一張。另外要注意幾乎所有大學要求的畢業證書都是日文或英文版本的，一般狀況下，台灣的高中無法發行日文的畢業證書，申請的時候一定要申請英文版，如果學校也無法發給英文的畢業證書，可以自行翻譯後，請學校蓋章證明，再把中文正本和翻譯本一起交出去。

日本大學非常看重證書的發行日期，有時候會規定某些證書必須要在限定時間之內，例如三個月之內發行，校方才接受，所以一定要仔細確認大學的要求，以免太早準備，反而失去效用。自傳或推薦信一類的文書，如果是用英文或日文以外的語言（例如中文）書寫的，也務必要附上翻譯。只有少數學校會要求必須由公家機關做翻譯認定，如果沒有規定，就是能接受考生自行翻譯成日文或英文，但保險起見，最好請母校教務處也在翻譯版本上面加蓋高中的校方印章或鋼印，來保證翻譯的「正統」效力。

申請表只有一份，寫錯了怎麼辦？

考生在填寫資料的時候必須注意，除非大學有刻意規定，不然千萬不可以

用鉛筆填寫，最近市面上出現能擦掉的原子筆，這也不可以，**日本的正式文書必須用黑色墨水的原子筆或鋼筆填寫。**

我出國前不知道這件事，慣用藍色原子筆，理所當然就用藍筆填寫資料表格，後來被日本的學校和政府機關糾正，才知道原來藍色並不正式。雖然學校對外國留學生犯的文化性錯誤通常寬大處理，但沒必要因為如此小事留下壞印象。

此外，假如願書只有一份，卻不小心寫錯字了，怎麼辦呢？日本的正式文書不可以使用立可白或立可帶，正確的處理方式是以雙線劃掉錯誤的部分，再在線上蓋上自己的私章。當然，最好是千萬不要寫錯字，所以我個人會先用鉛筆寫一次，再用黑筆寫上去，等墨水乾再擦掉鉛筆痕，雖然看似麻煩，但絕對比劃線蓋章的畫面好看多了。

小心！文件不全，會視為未完成報名

如果繳交的資料不符合規格，大學會進行連絡。我曾經碰過某所大學打電話來說，我繳交的高中成績單已經過期了，我心想成績單怎麼有過期的問題？一對照之下，原來成績單上的年份當然就是我的畢業年，大學卻要求三個月以內發行的證書，我不斷解釋那並不是發行日，是我的畢業年，更何況要向高中重新申請、更改規格、列印之後再寄送過來，時間上根本來不及，大學才勉強同意接受這份資料。

另外，幾乎所有大學都會要求日本留學測驗（日文稱為「日本留學試驗」，主辦單位為「日本學生支援機構」（JASSO））的成績單，或是准考證的影本。要求准考證影本的理由，通常是留學測驗的考試日期，距離各校入學報名截止的日期太近，JASSO的成績單有可能尚未發行寄送到考生家中。

像這樣的成績證明，有些大學會強調除了校方列出的項目，不需要其他的成績證明，那就準備必要項目就好；如果大學沒有特別標明，也可以附上例如日檢N1證書，或托福（TOFFL）的成績單來強調自己的實力。不過必須

確認這份考試成績是世界通用的，而不是單屬於台灣的考試，否則恐怕不會達到推薦的效果。

　　以下列出一些學校可能會要求的文書，希望考生心裡有所準備，不會到時候手忙腳亂。

仔細檢核報名所需文件

中文	日文	用途說明
報名資料確認表	出願書類チェックリスト	考生需要提出的資料清單，用來打勾確認。
報名表	志願票	用來選擇要報考的科系，通常會有數張，也用來填寫考生的個人資料。
報考費繳費證明	入学検定料の納入証明	在日本和在台灣的繳費方式不同，資料上會寫明繳費的方式，以及需要繳交的證明。
證件照片	写真票	4X3 的證件照，通常會用在准考證上。
畢業證書	卒業証明書	最終學歷的畢業證書，通常會要求英文正本。
成績單	成績証明書	最終學歷的成績單，通常要求每一年的成績，可請學校發行英文版本。
推薦信	推薦状	最終學歷的校長或師長所寫的推薦信。
學費負擔計畫書	経費負担計画書	用來證明自己付得出至少第一年的學費，部分學校會要求看存摺。
日本留學試驗的准考證	日本留学試験の受験票	用來確認最近一次日本留學試驗的成績，通常會要求准考證或成績單的影本。

中文	日文	用途說明
在留卡／外國人登錄證明書／住民票的影本	在留カード／外国人登録証明書／住民票の写し	只有居住在日本的考生才需要繳交，類似身分證和戶籍謄本。
護照的影本	旅券（パスポート）のコピー	只有居住在日本以外國家的考生才要繳交，注意是要影印有自己姓名照片的那一面，有些學校會要求附上所有進出日本的簽證頁面以供參考。
托福成績單	TOEFL スコアカード	托福考試的成績單，盡量選日期近、成績漂亮的交上去。
志願理由書	志望理由書	為什麼要考這所大學的這所科系的自我推薦書，通常先進行資料審查的大學才會要求。

報名費

關於報名費，大部分的學系是日幣三萬左右，考一個學系就要繳一份錢，從國外匯款的話，通常是附上匯款單來證明已經繳費。報名費是不會退還的，不過例如醫學系的報名費可能高達七萬日幣，假如不幸落榜，有些學校可以退費一半；還有就是已經繳費但卻來不及寄出報名資料的狀況，也可以連絡學校請求退費。

證件照

關於證件照，每所大學都會要求繳交拍照日期在三個月內的證件照，通常規格是高四公分、寬三公分，這個尺寸的證件照，以後會頻繁用到，雖然日本路邊就會有很多證件照的拍照機，但機器拍起來不便宜也不漂亮，建議考生可以帶不同的兩、三套衣服，先在台灣拍好幾套證件照，以應付各種需求。

推薦信

關於推薦信，大學通常不接受語言學校老師的推薦，一定要高中的師長。當然能請到校長來寫推薦信是比較有權威感的，如果不行，建議請英文老師幫忙，直接寫英文推薦信可省掉翻譯手續。在連絡老師詢問是否能夠幫忙的時候，如果大學有「老師必須蓋章」的規定，不要忘記事先請他們攜帶私章，免得自己得多跑一趟。

學費負擔書

關於學費負擔書，到底銀行裡要有多少家底才夠，大部分大學並沒有硬性規定數字，但可以參閱大學公布的學費資料，再加上大約一年的生活費，就是最低標準的數字。雖然大學規定「請照實填寫」，但大學無權查詢台灣的銀行客戶存款資料，這部分就只能自由心證了。

護照

關於護照方面，要出國，護照當然是必需品，千萬不要因為自己以前就擁有護照而掉以輕心，趕緊確認護照的有效期限吧！如果有效期限不到半年，就必須辦理申換護照，在日本的滯留期間如果超過護照有效期限也不行，所以護照最好擁有兩年半以上的有效期限較妥當。

寄出入學願書

雖然需要的文件大同小異，但每所大學或多或少會有自己的要求，有時候即使是少蓋一個印章，也會慘遭大學退件，所以考生務必要多次確認細節，肯定自己所準備的資料符合大學要求的規格，否則之後更是麻煩。

所有的文件資料都準備好後，就必須在大學指定的期間之內寄回，值得注

意的是，晚到當然不行，但太早寄出，大學也不會接受。日本對一切的制度問題，都保持非常嚴謹的態度，不管考生本人是否能力超群，一定要按照規則辦理才安全。

　　為了避免考生填錯地址或寄錯校區，之前申請的入學願書裡面，通常也會包含寄往大學的回郵信封，地址、收件人等資訊都是已經填寫好的，只要寫上寄件人資訊就行。如果有分為從國內寄出或從國外寄出的兩種信封，必須注意一下不要拿錯。

　　即使大學沒有明確規定，從郵局寄送時也最好用掛號寄出，或者透過國際宅急便寄出。還有，雖然大部分大學是以郵戳來判斷是否符合規定時間，但如果是在截止日的前一、兩天才寄送，最好用快遞寄出，以保安全。大學並不會在收到信之後回信確認已收到，最好自己從郵局和宅急便業者那裡確認是否真的送達。

　　另外，如果要同時報考同一所大學的兩個以上科系，通常必須準備同樣份數的資料，不過可以使用同一個信封袋寄送。各所大學對報考複數科系的規定不同，但都會在資料裡面寫明，一定要仔細確認。

收到准考證

　　確認報名資料已送達後，就可以安心等待准考證了。大部分學校會將准考證寄到考生在報名時就填寫好的地點，即使是國外也會寄送，如果報名之後有搬家或已經赴日等狀況，必須馬上通知學校變更地址。學校對於准考證的寄送期限，也會寫明，通常再怎麼晚，筆試前一個星期也一定會到，要是都到筆試前幾天了仍然沒有收到，一定要趕緊跟學校連絡。

　　大部分學校的准考證不只在考試的時候會使用，之後在辦理入學手續的時候也會用到，千萬不要弄丟了。

3、規劃應考日程表

不像台灣的大學統一考試、統一分發，留學生報考日本的大學和研究所，都採取個別報考的制度，也就是說每一所大學的考試日期和內容都由大學自己決定，形式可能完全不同，日期也可能衝突，所以規劃考試目標、應考日程表是一件非常重要的事情。

安排好時間，多報考幾所增加錄取機會

日本的大學每考一個學系就必須要花日幣三到七萬圓的考試費用，我第一次考試的時候沒有經驗，看著這些金額只覺得非常心痛，而且也不知道要考哪些大學才好，結果挑的兩個目標都是名校中的名校，結局當然是慘遭滑鐵盧，臨時也想不出有哪些備用方案可以拿出來救場，只好鎩羽而歸，那時如果有做好充分的計畫，也不至於白白浪費一年。

報考大學時該省的不能省，除非願意為了心中唯一的目標一再嘗試直到考上為止，不然最好鎖定難、中、易的三階段目標，報名三到五所大學，如果第一志願不幸落榜，也還有其餘的選擇。

日本的大學從報考到放榜的時間大致集中在九月到翌年一月，在選擇大學時必須同時注意考試的日期，如果不巧「撞日」，就只有忍痛割捨次要選項。留學考試的順序為：一、報名，二、應試，三、放榜。至少要將這三個順序都排在日曆上才是安全的。

以下範例為報考三所大學的假設狀況：

10 月

日	月	火	水	木	金	土
27	28	29	30	1	2	3
4	5	6	7	8	9	10
11	12	13	14	15	16	17
18	19	20	21	22	23	24
25	26	27	28	29	30	31
1	2	3	4	5	6	7

專修大學報名（10/14~17）
早稻田大學報名（10/18~25）
國學院大學報名（10/28）

11 月

日	月	火	水	木	金	土
25	26	27	28	29	30	31
1	2	3	4	5	6	7
8	9	10	11	12	13	14
15	16	17	18	19	20	21
22	23	24	25	26	27	28
29	30	1	2	3	4	5

早大筆試（11/22）
早大面試（11/25）
國大筆試面試（11/30）

12 月

日	月	火	水	木	金	土
27	28	1	2	3	4	5
6	7	8	9	10	11	12
13	14	15	16	17	18	19
20	21	22	23	24	25	26
27	28	29	30	31	1	2
3	4	5	6	7	8	9

早大合格發表（12/2）
專修筆試面試（12/12）
國大合格發表（12/8）
專修合格發表（12/18）

███ 早稻田大學

███ 專修大學

███ 國學院大學

　　在報名階段，有些大學規定必須要在某段期限之內郵寄申請文件，有些大學則規定必須在指定日期的指定時間，親自到學校繳交，如果不小心錯過，只有明年再來。

　　每所大學的應試日期及方式不盡相同，甚至是同一個學校裡的不同學系都有所差異，例如早稻田大學文學系採用先進行筆試的方式，考生筆試合格了，才能再接受第二階段的面試；國學院大學則是早上筆試、下午面試，同一天解決；也有些學校會在接受報名之後就進行書面審查，審查合格者才能拿到筆試、面試的「入場券」；此外還有並不需要面試，只進行書面審查，一通過就直接錄取的模式。

（3）筆記試験合格者発表および面接・小論文試験（※教育学部国語国文学科受験者のみ），下列表格為早稲田大學各科系的應試日期及方式

学部	学科	筆記試験合格者発表日・発表方法	面接・小論文試験集合時間・集合場所	備考
法学部	—	2014 年 9 月 12 日（金）10:00 郵送および入学センターホームページ	2014 年 9 月 22 日（月）14:00 集合場所は筆記試験合格者発表時に郵送および合格者発表ホームページで周知する。	筆記試験合格者に面接を実施する。
教育学部	国語国文学科		2014 年 9 月 10 日（水）9:30 集合場所は面接試験当日 早稲田キャンパス 16 号館 教育学部事務所前に掲示する。	受験者全員に面接と小論文試験を実施する。
教育学部	教育学科教育学専攻教育学専修 教育学科教育学専攻生涯教育学専修 英語英文学科 社会科地理歴史専修 社会科社会科学専修 理学科生物学専修 数学科		2014 年 9 月 10 日（水）9:30 集合場所は面接試験当日 早稲田キャンパス 16 号館 教育学部事務所前に掲示する。	受験者全員に面接を実施する。
	教育学科教育学専攻教育心理学専修 理学科地球科学専修 複合文化学科		面接は実施しない。	合格者発表：29 ページ参照

学部	学科	筆記試験合格者発表日・発表方法	面接・小論文試験集合時間・集合場所	備考
商学部	―		面接は実施しない。	合格者発表：29ページ参照
人間科学部	すべての学科		2014年9月13日（土）9:40 所沢キャンパス100号館205教室	受験者全員に面接を実施する。
文化構想学部	文化構想学科	2014年9月10日（水）10:00 戸山キャンパス構内案内掲示にて指定する場所および入学センターホームページ	2014年9月12日（金）13:00 戸山キャンパス（場所は構内案内掲示にて指定）	筆記試験合格者に面接を実施する。面接は学部ごとに行う。
文学部	文学科			
基幹理工学部 創造理工学部 先進理工学部 ※理工3学部間の併願は不可	すべての学科	2014年9月12日（金）10:00 西早稲田キャンパス 正門脇の「入試掲示板」および入学センターホームページ	2014年9月19日（金）12:40 西早稲田キャンパス（場所は正門脇の「入試掲示板」にて指定）	筆記試験合格者に面接を実施する。西早稲田キャンパスで実施する。試験時間は13:00～17:00の間に設定するので，他の予定を入れないこと。

（圖片來源：早稻田大學網站）

放榜日通常都在考試完畢的一星期之內，學校在網站上列出錄取考生的准考證號碼，或者請考生來電查詢是否已被錄取。

以國學院大學文學研究所為例：

國學院大學大学院　文学研究科
平成26年度〔春季〕入学試験合格発表

合格者は下記のとおりです。

准考證號碼

__前期課程　一般入試__

神道学・ 宗教学専攻	文学専攻	史学専攻	
A11M00001	A11Q00003	A11S00003	A11S00012
A11M00002	A11Q00007	A11S00004	A11S00014
A11M00004	A11Q00008	A11S00005	A11S00015
A11M00005	以上3名	A11S00006	A11S00016
A11M00006		A11S00007	A11S00017
A11M00007		A11S00009	A11S00018
以上6名		A11S00010	A11S00020
		A11S00011	A11S00021

以上16名

__前期課程　外国人留学生入試__　　→ 留學生請看這裡

神道学・ 宗教学専攻	文学専攻		史学専攻
B11M00001	B11Q00003	B11Q00012	B11S00002
以上1名	B11Q00004	B11Q00013	以上1名
	B11Q00005	B11Q00014	
	B11Q00007	B11Q00015	
	B11Q00008	B11Q00017	

以上10名

以上の合格者は、受験票と引き換えに「合格通知書」「入学手続書類」を
交付しますので、大学院事務課までお越しください。

平成26年2月14日　大学院事務課

（圖片來源：國學院大學網站）

假設第一志願是Ａ大學，而Ａ大學的放榜日在Ｂ大學的考試日之前，被Ａ大錄取之後就不需要再去參加Ｂ大的考試。那麼，Ｂ大的考試費用會退還嗎？很可惜的是，答案是不會。日本的大學常常把日程表排得無法取巧，就像日程表範例圖，不能先考一所、等待放榜，再決定要不要考另外一所，只能全部報名。我總覺得該不會他們都是串通好的吧？無論是不是，我們考生只有申請前盡量先做好規劃了。

通常在放榜之後的一星期內就必須要繳交入學金，金額大致是日幣三十萬圓左右，例如國學院大學2013年文學部的入學金為日幣二十六萬圓，這筆錢繳交之後，會收到學校的入學通知，接著就能將簽證換成留學簽證。

＜留学ビザ取得までの流れ（①→⑥）＞
（取得留學簽證的流程①到⑥）
COE：在留資格認定證明書

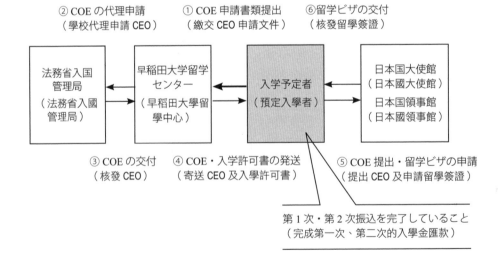

② COE の代理申請
（學校代理申請 CEO）

① COE 申請書類提出
（繳交 CEO 申請文件）

⑥留学ビザの交付
（核發留學簽證）

| 法務省入国管理局
（法務省入國管理局） | 早稲田大学留学センター
（早稻田大學留學中心） | 入学予定者
（預定入學者） | 日本国大使館
（日本國大使館）
日本国領事館
（日本國領事館） |

③ COE の交付
（核發 CEO）

④ COE・入学許可書の発送
（寄送 CEO 及入學許可書）

⑤ COE 提出・留学ビザの申請
（提出 CEO 及申請留學簽證）

第１次・第２次振込を完了していること
（完成第一次、第二次的入學金匯款）

（圖片來源：早稻田大學網站）

連入學金的繳交期限也得規劃進去

就像報名無法取巧一樣，入學金的繳交期限也通常排得很緊密，參考上方的範例圖，考生會發現幾乎難以等到下一所學校的放榜日，就必須繳交已考取大學的入學金，而大部分的學校規定入學金繳納之後無法退還，所以建議最好將第一志願的學校規劃成第一所應考的學校，否則就會陷入困境：「我考上Ａ大了！但我的第一志願明明是Ｂ大，我如果現在繳錢，就得去唸Ａ大，我如果不繳，Ａ大的合格通知就會失效，要是我之後沒考上Ｂ大怎麼辦？」

報名第二志願、第三志願就像是買保險，買得越多越保險，但又希望不用到這份保險，要在這上面花多少錢，每個人都有自己的底線，只能做最好的努力、最壞的打算。

大學每年公布留學生考試訊息的時候，都會明載報名、應考及放榜的日期。建議考生在挑選學校的同時，也開始製作應考日程表，將有助於篩選掉「報考等於浪費錢」的學校，也能趁勢提醒自己，考試日迫在眉睫，該準備好全力應戰囉！

4、該準備多少錢？

相信大家都知道日本的物價很貴，不過到底在日本生活一年要花多少錢呢？留學的第一年必須要做最壞的打算，假設自己一整年都沒有任何收入，準備了充足的資金比較安全。

我第一年去日本的時候想得非常美好，覺得一去馬上可以找到工作，不就立刻有錢進來了嗎？但其實光是辦理簽證、辦理可以打工的「資格外活動許可」、辦理一堆瑣碎事情，還要加上找工作和面試的時間可能就要將近三個月，沒錢只能喝西北風，唯有打電話向家裡低頭求救。

所謂「錢是人的膽」，能運用的資金當然越多越好，不過究竟最少需要多少呢？以下做了一個簡單的試算表，以目前（2013年）東京生活圈的物價為準，只是做為一個參考，每個城市的房價、水電費，甚至健保費都有落差，考生可以根據自己的需求來計算到底需要準備多少資金才夠。

各項數值的低標和高標可能差異很大，例如學費。包含了僅在第一年才必須繳交的入學金，公立大學的文學系大概要日幣八十萬圓左右，私立學校的醫學系卻要日幣七百萬，直接就差了一個位數。每所大學在網路上都會公開學費價碼，考生在做計算的時候可以參考目標大學的資料。

第一年的生活開銷預算

關於租屋及水、電、瓦斯、手機、網路等的辦理方法、費用計算，是否需要押金、禮金等事項，可詳見「Chapter 4」的第二點。

試算表：

項目	最低值	偏高值
學費（包含入學金）	¥800.000 （國立文學系）	¥7.000.000 （私立醫學系）
房租（包含管理費）	¥360.000 （郊區）	¥840.000 （市中心）
房屋押金、禮金、仲介手續費、房屋保險等	¥100.000	¥170.000
伙食費、生活雜物費	¥120.000 （通常自己煮）	¥600.000 （外食）
水、電、瓦斯費	¥60.000	¥96.000
手機費	¥42.000 （普通手機）	¥96.000 （智慧型手機）
網路費	¥48.000	¥72.000
交通費	¥96.000	¥100.000
健保費	¥15.000	¥50.000
合計	¥1.641.000	¥10.665.000

　　再加上因應急病、意外發生而多準備的臨時急用金，要考入一般普通學科的學生，建議大約要有台幣六十至一百萬元的資金可供調度，第一年就可以安心去日本。不過由於第二年也仍然要面臨這麼一筆龐大的生活開銷，最好安頓好自己之後就立刻開始找工作，好為接下來的日子做準備。

Chapter 03
旅遊打工篇：
　　　行前準備

1、申請打工度假簽證

2、該準備多少錢？

3、如何找工作？

1、申請打工度假簽證

從2009年開始開放申請的打工度假簽證（旅遊打工簽證、ワーキング
ホリデー査証），提供了一個全新的、可以體驗日本文化的管道。

申請打工度假簽證的單位為「日本交流協會」（http://www.koryu.
or.jp/），由於台灣與日本之間並無邦交，這個交流協會可說相當於日本
大使館，除了度假打工簽證之外，其他的赴日簽證也在此申辦。

現在大家可以在網路上搜尋到許多的部落格、心得感想文、支援機構
等等，應該可以多方參考後再進行申請、前往日本，當年我是第一批的
申請者，沒有任何資源可以參考，拿到了這個簽證入境，想找打工卻碰
壁無數，所幸我的目標既不是旅遊，也不是打工，而是想先落腳東京以
方便留學考試，所以雖然挫折連連，倒也沒有影響到留日的初衷。

在申請這個簽證之前，先弄清楚自己的目的，是非常重要的，畢竟一
輩子只能申請一次，如果滿懷希望地買機票赴日，卻因為規劃不完善，
只待幾個月就鎩羽而歸，那實在是非常可惜的事情。

申請打工度假簽證的出發點，可以分為以下三個方向：

一、旅遊度假：一般赴日旅遊，頂多只容許停留三個月時間，如果您
是屬於想一整年好好在日本玩個痛快的人，勢必無法滿足於一般簽證，
那就非常適合申請打工度假簽證。不管是要旅遊日本，還是想找個地方
住下來，慢慢體會日本的四季節奏，打工度假簽證的便利性都高於普通
的觀光簽證，但可能必須先準備一大筆的資金。

二、打工賺錢：日本的薪資比台灣高，肯定有人會產生「趁這一年在
日本撈一筆」的想法吧！旅遊和賺錢是很難兼顧的兩件事，由於度假打
工簽證並沒有規定工作時數的上限，建議想賺日幣的人可以找便宜的地

段，租個房子住下來，在家附近找工作就好。

三、取得長期簽證：為留學等事宜做好前置作業：觀光簽證有效期間只有九十天，諸如租房子、辦手機、開戶頭等等，均屬持觀光簽證不准辦理的事情，滯留期限達到一年的打工度假簽證則都可以做得到；因此，如果為了留學前往日本，卻不想花就讀語言學校的費用，持打工度假簽證提早赴日，就可以趁這一年熟悉環境、練習日文、報考學校，再加上打工賺些收入，不失為是個好選擇。

參考資訊

日本交流協會
http://www.koryu.
or.jp/

每年接受兩次申請

在日本交流協會的網站上，對於如何申請簽證、該準備什麼資料，都寫得非常詳細，也有中文版本可供瀏覽，這裡簡單說明流程，同時儘量解答申請者可能會有的疑惑。

首先，打工度假簽證每年接受兩次申請，分別是在五月和十一月，每次都會核准一千個以內的名額，所以並不是申請就能通過的；每年的申請期限均會公布在交流協會的網站上，通常申請期間都只有五天，非常短，建議有意申請者務必留意做好確認，提前把一切都準備好。

如果申請通過了，必須要在一年之內赴日，假如在期限內沒有出國，簽證會自動失效，所以一定要做好充足的規劃，確定真的會前往日本才去申請。另外，申請年齡限制為十八到三十歲，不過那只是申請年齡，也就是說，如果申請的時候是三十歲，要出國的時候已經三十一歲了，仍然可以用打工度假簽證出國。

日本交流協會在台北和高雄都有事務所（辦公室），兩地都能夠接受申請，地址、交通方法及受理時間可以在交流協會的網站上看到。

舉凡指定格式的申請文件，都可以到交協流會網站去下載，遞交申請文件前必須注意，交流協會不會退還文件，也不會接受補交，就我所知，接受申

請的窗口也不會替申請者詳細檢查文件是否有誤，因此申請者千萬要自行查對，確認文件都齊全、沒有問題了，才交上去，並且不妨影印一份留底，以備存查。

　　請注意！在日本，填寫公式文書只能使用「黑色原子筆」，不可以使用鉛筆或其他顏色的筆來填寫，另外，所有文件都必須以A4大小規格提出。日本交流協會也同樣遵循著這兩個原則。

每年只有5月和11月報名，填寫表格務必用黑色原子筆填寫哦！

繳交資料

申請簽證時，需要繳交的資料如下：

① 簽證申請書：在交流協會的網站上有詳細的填寫範例可供參考，比較可能產生疑問的是必須填寫在日本的住址，可是旅館還沒定、打工還沒找，也沒有朋友家可以借住的話該怎麼辦呢？事實上這只是個預計入住的地址，所以只要填寫最有可能入住的旅館地址、電話就行。等到赴日之後必須辦理相當於身分證的「在留卡」，屆時政府自然就能掌握入境者的行蹤，更新住址資訊。

② 2吋白底彩色證件照1張（6個月內拍攝，正面、脫帽、無背景）：用來貼在申請書上。這種大小的證件照也會用於履歷表，如果之後要在日本找打工，可以多準備一、兩組以上備用。

③ 台灣身分證影本（正、反面）

④ 履歷書：用中文或日文填寫都可以，一定要申請者本人填寫。

⑤ 調查表：用中文或日文填寫都可以，一定要申請者本人填寫。

⑥ 理由書：希望利用打工度假制度的理由。這邊必須注意的是，打工度假的宗旨是「為了度假，附帶從事打工活動來減輕旅費負擔」，所以千萬不要填寫自己是要到日本打工賺大錢。「喜歡日本文化、想深刻體會日本風土民情、想飽覽日本風光」等等，才是交流協會願意通過審查的理由。

⑦ 計畫書：赴日之後想從事的活動。和上一項相同，這是為了讓申請者填寫「旅遊計畫」而不是「打工計畫」。

⑧ 最終學歷等證明文件

⑨ 足以購買回台之交通票券，及在日停留初期維持生活之必要費用的證明文件：需要由銀行或郵局開立的存款證明書正本，必須是一個月內所申請的存款證明，存款要有新八萬台幣元以上，不接受存摺影本。如果自己沒有帳戶，也可以繳交家人的存款證明替代，但必須要附上三個月內申請的戶籍謄本正本。

⑩ 其他自我推薦之文件影本：例如日本語能力檢定合格證明、日本語學校修了證明書（結業證書）、日本文化或技藝方面相關證書等，這不是必要繳交的項目，但越多證明當然會讓自己勝算越高，建議日本語能力檢定至少要通過N2，才能說服審核者相信自己有辦法在日本生活。

⑪ 護照影本：必須影印相片資料頁，還有曾經取得日本簽證、入出境日本等相關各頁也要全部影印，同時，申請的時候要攜帶護照正本。護照期限在半年之內的話無法出國，在日本的滯留期間也不可以超過護照有效期限，所以申請前記得要確認自己護照的有效期限，如果不到兩年，建議趕緊提前辦理申換護照。一旦申請通過，必須要用申請簽證的那一本護照去領證，所以一定要換好充足使用期限的護照，再提出申請，這才妥當。

審查

日本交流協會接到申請後，會進行為期一個月的審查，並且在網站和交流協會門口公告合格者的號碼，申請者切記要自己進行確認。

通過審查之後，何時必須領證呢？領證和簽證有效日期重疊，都是公布之後的一年以內，也就是說，在這一年之內，都可以去交流協會領證，之後使用本簽證出國。

領證時也需要準備一些文件，我當初去領證時沒看清楚，疏忽準備保險證明，結果人都到了交流協會，才匆匆跑出去大街上想找保險公司、銀行保險部門買保險，但保險也不是當場買了就能生效的，只好回家再說，幸好家人立刻找到在壽險公司上班的朋友，交保費買了為期一年的壽險，這才再赴交流協會補交，領到簽證，所以再三確認資料需求是非常重要的。

領證

領證時，需要提交的文件如下：
① 申請人護照正本：必須是跟申請時同一本護照。
② 受理‧領證憑單
③ 簽證費用：由於匯率問題，每年的費用都會做調整，可以在交流協會的網站上確認。
④ 已加入保險的相關證明（正本及影本）：必須包含醫療、意外、死亡三種保險，至少從赴日的出發日開始生效，投保金額並沒有規定，不需要特地申請英文版，可以跟保險公司強調是要使用於打工度假簽證。有些保險公司會只寄給投保人收據而已，記得一定要請求對方一併寄來保單。

如果是家人代領簽證的話，還需要代領人的身分證正本及戶籍謄本；友人代領則需要準備身分證和申請人填寫的委任書，委任書格式可以在交流協會網站下載。

安排出國

拿到簽證之後，就可以在計劃好的日期出國了。由於打工度假簽證貼在護照內頁，但海關人員並不會一頁一頁翻看，所以過海關的時候，一定要主動告知自己拿的是打工度假簽證。

我持打工度假簽證出國的時候，沒有主動告知海關，結果海關大章一蓋，竟變成准許用觀光簽證入國，後來發現到不對勁的時候已經來不及，因為觀光簽證是無法在日本國內換成任何其他簽證的，差點必須多花費一張來回機票的錢，回台灣重新出國，結果疲於奔命，接連跑了好幾趟入國管理局。我解釋這不能歸咎於全都是我的錯，管理局才網開一面，幫我把觀光簽證換成打工度假簽證，那段時期簡直就是心力交瘁，憂心如焚，如果過海關的時候有主動告知關員一聲，也不會這麼麻煩。

由於度假打工的期限長達一年，所以必須要辦理在日本的身分證，也就是「在留卡」，在入境的時候，關員就會發放在留卡給符合在留期限的人，在日本一落腳，十四天之內，就得在各市町村的役所（相當於區公所）申報居住地，這個手續非常重要，只有申報居住地之後才能開始找打工、開帳戶、辦理手機等等，如果沒有申報，將會被懷疑打算非法居留，很可能遭到罰款或者遣送回國。

要是不知道自己居住地的役所在哪裡，可以詢問警察局、車站、銀行、郵局等機關。

日本在2012年七月更新了在留制度，比起舊制，新制給予外國人更多的方便性，但罰責也變得更重，所以千萬不可以存著任何拖延或輕忽的心態，一定要好好確認法規，免得因為某些自己以為沒關係的小事，竟然遭到遣送，那就太不值得了。

關於新制，可以在入國管理局網站確認：

參考資訊

入國管理局網站
http://www.immi-moj.go.jp/
newimmiact_1/zh-TW/index.html

2、該準備多少錢？

在赴日之前，先準備好一筆資金當然是必要的，尤其是打算到日本之後才要找工作的人，無論自己多有把握能馬上找到工作，錢總是要一個月後才會進來吧？為了安全起見，建議最好至少要準備夠三個月花用的資金。

剛開始在日本生活，需要多少錢才能維持生活所需？日本交流協會給出的最低限是台幣八萬元，不過如果自己一個人租房子住，平常也都自己買菜煮飯，三個月到底至少會花多少錢呢？

以下做了一個簡單的試算表，以2013年東京生活圈的物價為準，僅供參考，各地生活費有所落差，關於租屋及水、電、瓦斯、手機、網路等的辦理方法、費用計算，是否需要押金、禮金等事項，可詳見「Chapter 4」的第二點。

生活開銷預算

日幣二十六萬圓，折合台幣確實相當約八萬元左右，不過這裡計算的是找個地方住下來的最低花費，其實還要加上交通費，以及各種偶然可能產生的開支，所以建議先籌備台幣十萬元左右再出國，才比較保險。

如果行前已經找好工作，或者確保有親戚朋友家可以借住，就可以省下一些費用，不過如果打算邊環遊日本邊工作，可能要做好短期工作不好找，以及旅館不便宜的心理準備，最好不要樂觀地計算自己會有很多收入，而是要做好會完全沒有收入的最壞打算，再來計算一年到底要花多少錢，否則出了國門幾個月，錢用完了只好回家，實在是非常扼腕的事情。

試算表

項目	最低值
房租（包含管理費）	￥90.000
房屋押金、禮金、仲介手續費、房屋保險等	￥100.000
伙食費、生活雜物費	￥30.000
水、電、瓦斯費	￥15.000
手機費	￥10.500
網路費	￥12.000
健保費	￥4.000
合計	￥261.500

剛開始去日本不可能馬上有打工機會，建議多帶一些。

3、如何找工作

到日本旅遊打工，旅遊固然重要，打工更是重點中的重點。最近幾年經濟不景氣，尤其是語言能力不夠好的外國人，如果不懂得一些竅門，光憑著滿腔熱血是找不到工作的。

我剛到日本的時候，想得很美好，儘想找一些家教或者翻譯之類又輕鬆又賺錢的打工，後來發現教中文的工作大部分是教簡體中文，翻譯之類在家上班的SOHO型工作（small office, home office），更是一個案子好幾百人搶著要接，甚至要花大把時間張貼部落格文章、累積人氣，才能接到像樣的工作，我那時候心想，光這段不知道有沒有錢會進來的日子就會讓我餓死了，還不如找個薪水普通但一定會支薪的工作呢！

當然，如果對自己的能力深有自信，相信自己可以在數以千計的外國人之中脫穎而出，是可以尋找這樣的高薪工作的，不過其實真的不推薦剛到日本、連生活環境都尚未熟悉的朋友去應徵，還是從簡單、能立刻上手的工作開始，有更好的機會再跳槽也不遲，畢竟履經歷也是談薪水的一項籌碼。

另外提醒一點值得注意的，日本對於超時打工以及從事違法或色情行業的罰則很重，奉勸大家千萬不要以身試法。像超時打工這種事情，我也知道不少留學生超時，不過沒被抓到沒事，一被抓到就直接完蛋，前陣子剛聽朋友說，他認識的人才到日本一個星期，就因為超時打工被遣送回國。所以不能心存僥倖，一但被遣送，損失的不只是簽證和金錢，還會留下永遠的汙點，得不償失。

這裡就總結一下我自己找工作、換工作的經驗，提供幾個找工作的方向及寫履歷、面試的方法。

找工作的各種途徑

究竟要怎麼找工作呢？

❶ 在台灣先找好工作：

有些日本企業會直接到台灣來找員工，瞄準的就是打工度假簽證的這一年期限，我看過幾個招聘廣告，薪水通常不是特別好，但勝在包吃包住，平日認真工作，假日在附近玩，也是不錯的選擇。我申請度假打工簽證的時候還毫無這方面的資訊，但近年慢慢多了起來，建議可以透過在台灣的語言學校等等進行了解。

❷ 到日本再找工作：

相較之下自由度較高，可以根據自己的居住地、旅遊計畫等等隨時調整，但究竟能不能找到適合的工作，就要看個人的能力了。

---

advice

首先，一個城市是否接納外籍勞動者，對找不找得到工作影響很大。像我為了省房租，一直都住在離東京很遠的小城市，相對的缺點就是根本找不到工作。日本人比較委婉，根本不會言明「因為你是外國人，我們不想僱用你」，我常碰到的狀況是，按照著招募海報打電話去應徵，對方聽了兩句就說他們已經不徵人了，但下次經過的時候，還是看到海報貼在那裡。碰壁好幾次，我怎麼想都想不通：「我在打電話給對方的時候，都毫無失禮之處啊？為何他連面試的機會也不給我？」只能解釋是因為外國人的身分而遭到過濾排除了。

所以，自己的能力固然重要，更重要的卻是找工作的地點要對。例如在東京，不妨考慮新宿、澀谷等等外國人聚集的城市，這種地方對外國人的抗拒心比較低，也樂於僱用外籍員工，應徵的成功率自然就會上升。

在日本找工作

在日本找工作，可以透過以下幾種方法：

❶ 人脈：所謂出外靠朋友，無論在哪個國家，無論是找工作還是其他事情，人脈永遠都是通往成功的墊腳石。只要認識一個在日本打工的朋友，就會增加無數的機會，當然自己的能力才是老闆下決定的關鍵，但有熟人的推薦總是一塊敲門磚，也讓自己顯得比較可靠。

不用太擔心拜託朋友幫忙推薦會造成麻煩，我看過更多的狀況正好相反，都是朋友恨不得推薦工作給我，「打工者找不到工作」與「店家找不到員工」，這兩個現象是不衝突的，像我現在工作的店家有個員工數量指標，早、中、晚班都還各缺二十個人，每每央求我們找朋友來面試，我至今不知道該去哪裡找六十個人推薦給店方。

有透露需求，就有機會。即使不好意思讓朋友為了幫忙找工作而費心，最好也跟認識的人提一下自己在找工作，也許對方剛好為了找不到人而焦頭爛額也說不定呢！

❷ 招募海報：和台灣一樣，日本有缺人的店家也會在店外張貼招募海報，都會寫明工作時數和薪水。建議可以尋找開在自己家附近小巷子裡面的小店，小店面通常不會費心做網路和雜誌廣告，都是貼個海報就希望有求職者上門，去應徵的人少，比較容易被僱用。

❸ 打工情報誌：求才雜誌分成兩種，一種是必須花錢買的，內容比較嚴謹豐富，在便利商店和書局可以購得；另一種是不用錢的，例如「TOWNWORK」雜誌，在大部分的車站及便利商店都可以找到他們的雜誌架，自行免費拿取。雜誌會提供店家的情報和連絡方式，可以篩選之後打電話過去應徵。情報誌的優點是地區性極強，提供的都是當地店家的資訊，另外也會提供一些電話應徵或者面試時的注意事項。

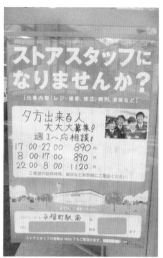

日本的招募海報

如何在日本找工作？

在日本找工作，可以透過以下 4 種方法

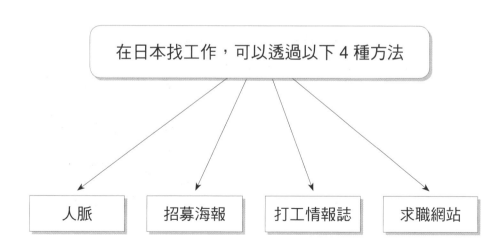

人脈　　招募海報　　打工情報誌　　求職網站

「TOWNWORK」雜誌內頁

「TOWNWORK」雜誌附的履歷表

Page1

履 歴 書　　　　　年　月　日 現在

写真を貼る必要が
ある場合

1.縦36～40mm
　横24～30mm
2.本人単身胸から上

ふりがな

氏 名

| 年　月　日生（満　　歳） | ※ 男・女 |

ふりがな　　　　　　　　　　　　　　　　　　　　　電話

現住所 〒

ふりがな　　　　　　　　　　　　　　　　　　　　　電話

連絡先 〒　　　　　　　　　　（現住所以外に連絡を希望する場合のみ記入）

　　　　　　　　　　　　　　　　　　　　　　　方

年	月	学 歴・職歴 など（項目別にまとめて書く）

記入注意　　1.鉛筆以外の青又は黒の筆記具で記入。　　2.数字はアラビア数字で、文字はくずさず正確に書く。
　　　　　　3.※印のところは○でかこむ。

Page2

年	月	免許・資格

その他特記すべき事項

志望の動機・特技・好きな学科など

本人希望記入欄（特に給料・職種・勤務時間・勤務地その他について希望があれば記入）

通勤時間	扶養家族数（配偶者を除く）	配偶者	配偶者の扶養義務
約　　時間　　分	人	※　有　・　無	※　有　・　無

採用者側の記入欄（志望者は記入しないこと）

勤務開始可能日

月　　　　日

❹ **求職網站**：日本有非常多這樣的網站，提供大量店家的訊息，也會詳細列出各種條件以供篩選，很容易找到符合自己要求的店家，除此之外，如果無法找到固定的工作，也可以找人力公司或派遣公司登記。以下推薦一些求職網站

參考資訊

A Power Now ！

http://www.apower-now.net/

外國人、留學生的專用網站，在該網站應徵之後，會先進行面試評斷應徵者的日文能力，再依能力介紹適合的工作。

參考資訊

Aines

https://www.aines.net/

專門提供給學生的打工情報網，非在籍學生可以用訪客身分查找資訊，因為是提供給學生的，登錄的店家通常比較安全，不容易碰到違法的工作。

參考資訊

Townwork

http://townwork.net/

打工情報誌的網路版本，特色是細分地區情報，可以用此尋找家附近的工作。

參考資訊

バイトルドットコム

http://www.baitoru.com/kanto/

擁有非常多詳細條件的篩選器，例如「歡迎留學生」、「附工作餐」等等，可以依照自己的希望尋找合適工作。

如果是想要一邊旅行一邊多少賺點打工錢，也可以從這些網站裡面尋找派遣公司，登記為派遣員，派遣的工作範圍比較廣，地區和時間也比較自由，比起定點工作更適合旅行者，只是薪水可能較無保障，畢竟旅行和賺錢難以兼顧，只能自己做出取捨了。

適合日文不太好的工作選擇

　　另外，如果不在乎薪水，也可以從事以勞力換取食宿的工作，例如：

> **參考資訊**
>
> WWOOF
> （World Wide Opportunities on Organic Farms）
>
>
>
> http://www.wwoofjapan.com/main/
>
> 應徵者到農場或果園等地工作，農場提供食宿，但不會支付任何薪資，由於並未牽扯到金錢交易，所以即使沒有打工簽證，也可以使用這個方法在日本體驗生活。

> **參考資訊**
>
> ボラバイト
> （volunteer + arbeit，「志願者」加上「打工」的組合字）
>
>
>
> http://www.volubeit.com
>
> 類似 WWOOF 的性質，但會支付少量的薪水，所以必須要擁有能打工的簽證。

　　以上兩個方法都是生活體驗優於收入，因為多半從事一級產業，即使日文不佳，也還是可以找到工作，很適合對自己日文沒有太大信心，卻仍然想體驗日本風情的人。

應徵面試的技巧

現在，有了應徵管道，但要怎麼應徵才比較容易被錄取呢？以下提出幾個要點，希望可以讓成功率上升。

首先，日本人非常、非常、非常重視禮貌，其重視程度，是沒有親身接觸之前所無法想像的，尤其是服務業，服務業是鍛鍊日文最好的選擇，但對日文能力的要求也是最高的，如果想從事服務業，建議可以先購買學習敬語的書籍，除非店家已經毫無選擇，不然僱用不會講敬語的外國人的機率非常低。

我們是外國人，講日文有口音、講得不如日本人流暢是一定的，我自己在面試的時候就碰過很多這種狀況，如果老闆問：「你有自信把日文說得跟日本人一樣好嗎？」那就是變相的拒絕，不想僱用外國人的店家，不論我們怎麼做，也是不會僱用的，不必對此有太多的自卑感或者過於在意，但表面上的禮節以及敬語等說話方式是可以學習的，還是做好萬全的準備比較好。

如果是打電話應徵，約定面試，其實從電話接通的瞬間，面試的評分就開始了，講電話的時候失了禮數絕對會留下壞印象，也許當場就出局了也說不定，建議可以把自己可能會講到的文句都寫下來，以防一個緊張就說錯話。

如果同時應徵好幾家店，等待回電，最好把對方的店名、電話、工作內容都列表寫下來，免得接到電話通知去面試也不知道是哪家店。我就曾經碰過這種問題，硬著頭皮問對方是哪家店、位於哪裡，想當然爾，結局就是沒應徵上。

履歷表

約好面試之後，大部分店家會要求攜帶履歷表，履歷表在一般的書局或是百圓商店可以買到，通常需要貼證件照，如果沒有從台灣帶過去，日本車站附近常常都會有證件照的機器，可以當場拍就好，不過機器照的當然不如相館照的漂亮，所以還是建議在台灣先照好了帶過去。

履歷表一定要用黑色原子筆填寫，其他的顏色在日本都是非正式的，字務必要端正。事前就可以寫一份起來當作樣板，並且給日文老師或是會日文的朋友檢查無誤，不要每次都從頭想要怎麼寫，否則會非常浪費時間。

入境隨俗，遵守日本禮節應對

　　除了有特別規定之外，大部分的工作面試時並不會要求要穿西裝，即使如此，穿著白襯衫、黑褲或黑裙，加上皮鞋，給人的感覺是比較正式的。在日本，化妝算是一種基本禮節，但只要淡妝就夠了，濃妝豔抹會造成反效果。

　　面試的時候要儘可能面帶笑容，尤其是服務業，我面試的每一家店幾乎都會問：「服務客人的時候你有辦法微笑嗎？」目前我打工的速食店更有一句名言是：「你的微笑是算在薪水裡面的。」我有一個朋友也說自己的日文雖然不怎麼好，但是被錄取了，對方說是因為他的笑容實在很燦爛的緣故，可見微笑的重要，無論多緊張，就算硬扯也要扯出笑容來。

　　由於我們是外國人，面試的時候因為對方說得太快等原因，忽然聽不懂或是沒聽清楚，是很正常的事情，這時候可以請求對方再說一次或解釋得清楚一些，如果不懂裝懂，店家會害怕我們在工作的時候也不懂裝懂造成失誤，評價就會下降，還不如老實發問。當然，如果對方說的每一句話都聽得「霧煞煞」，那最好還是考慮去應徵對日文需求再更低一些的工作比較好。

　　無論外國人的日語講得再怎麼好，日本人都不可能相信我們會比日本人優秀，這是很正常的心態，如果應徵一再碰壁，先不要灰心，很多時候，問題純粹只在店家比較想僱用日本人而已。比起質問是不是自己不夠優秀，不妨考慮自己找工作的地區、職業等等是否恰當，該地區是否缺人很少但應徵者很多？該職業是否每次都有大把的日本人前往面試？

　　我曾經面試過一家貓咪咖啡館的工作，跟很多可愛的貓咪一起工作應該是很多人的夢想吧？當然不只是我這麼想，當咖啡館老闆給我看厚厚兩疊應徵者的履歷，我就知道可以去應徵別的工作了。

　　另外，日本人的性格比較委婉，大部分店家不會立刻說出「抱歉，不錄

取」這樣的話，通常會說「請您回家等消息」，不過要有心理準備，我所碰到的狀況之中，「回家等消息」都是等於「不會有消息」的意思，我一開始覺得總不能同時面試好幾份工作吧！要是同時都被錄取了，太不好意思了。但是傻傻等待了好幾次，永遠都在等消息，才恍然大悟那其實就是一種變相的拒絕。

我做過四份工作，其中有三分都是當場敲定錄取，直接問我何時可以上班，甚至當場就開始排班，還有一份則是明確地告訴我星期日會進行連絡，到時候告知結果，雖然也令人忐忑，但由於這是一家大公司，算是制度上必須要有的考核期間。至於那種明明是小店，卻必須要等連絡的，或者是「如果錄取，禮拜三會打給您，如果沒打，就是不錄取」，通常就根本不會打來了，直接面試下一份工作吧！不需要浪費時間苦候。

無論是留學生還是旅遊打工者，無論是為了賺錢還是為了獲取經驗，在日本找打工，一次面試就通過的絕對是「燒了好香有保庇」，我詢問過不少留學生朋友，都是慘遭無數次拒絕，才摸索出正確的應徵方式的，所以其實沒什麼好灰心，我第一個月面試了十幾份工作，全都是「回家等連絡」，也只有看著我的慘烈經驗，為自己打氣，重新設定目標，再投遞下一份履歷！

他山之石，可以攻錯，先參考了別人的失敗經驗，就能修正技巧、方向，提高自己應徵時被錄取的成功率，加油！

日本是一個很重視禮儀的國家，記得在台灣要準備一套正式服裝，說不定有正式場合的打工機會。

Chapter 04
抵達日本之後

1、入境須知及法律手續
2、生活雜項的辦理方法

1、入境須知及法律手續

從2012年7月開始，日本的入國管理局（相當於我國「內政部移民署」，專門辦理外國人的簽證及出入境事務）對管理外國人的「在留管理制度」做了很大的更新，在網路上蒐集資料時必須注意，如果採信在這之前的資料，有可能會出現法律資訊的錯誤。

關於新的法規，可以參考入國管理局的網站介紹：

參考資訊

入國管理局的網站
http://www.immi-moj.go.jp/newimmiact_1/index.html

辦理外國人專用的身分證

在日本停留超過3個月的外國人稱為「中長期在留者」，無論是留學還是旅遊打工，都符合這個標準，必須在日本的市役所（區公所）辦理外國人專用的身分證，就像是暫時成為日本的居民一樣。

中長期的簽證，通常是在台灣辦理，持有中長期簽證，過海關的時候，如果是由成田機場、羽田機場、中部機場或關西機場入境，海關人員會直接發行相當於身分證的「在留卡」，從其餘機場入境的話，則必須主動向居住地的役所提出申請，提出後10天左右就會收到掛號信。

過海關的時候，短期觀光和中長期居留的關口是分開的，由於在留卡是當場印刷發行的，短期觀光的窗口可能無法辦理，所以千萬不要排錯隊伍了。

在留卡的發行不需要當場繳交別的資料表格和證件，十六歲以上居留者的

在留卡上，會包含照片，但這張照片會使用當時申請簽證時所提交的照片，不需要再另外準備。

戶政事務所

入境後的辦理程序

入境之後，必須在14天之內向居住地的役所辦理轉入手續，如果沒有辦理，可能會遭到拘役、罰款，甚至是遣送回國，最好儘快辦理。要是一直沒有找到租房，也可以暫時把目前居住的地方（旅館或朋友家）當作住址來登記，但一旦確認新的住址，就必須在搬家後14天內，向搬家前的役所辦理轉出，再向搬家後的役所辦理轉入。

雖然這些手續看起來很麻煩，但其實日本人搬家時也必須辦理同樣的轉出和轉入手續，就當作自己是暫時的日本居民吧！而且若是偷懶不想辦理這些，先不說法律上的罰則，之後的銀行開戶、手機網路等等都會無法辦理，將帶來更多麻煩。

轉入手續要求攜帶的證件只有在留卡，不過最好把護照也帶著，其餘表格都是當場填寫。辦理外國人相關事務通常都有專門的櫃台，比較大的役所應該有會講外文的職員負責，但我曾在較小的役所辦理時，看過職員和外國人相看兩瞪眼、講也講不通的狀況，所以最好別對對方的外文能力抱有盲目的信心，自己多學一點當地語言才能多點保障，至少要把一些專有名詞的日文記起來，免得到時無法溝通。

另外在辦理轉入手續的同時，役所的職員應該也會要求申辦國民健康保險，如果職員沒有主動提出，千萬不要想著剛好省錢，畢竟日本醫療費用昂貴，不怕一萬只怕萬一，更何況學校也都會要求要加入健康保險。辦理健康保險十分簡單，填寫完役所要求的資料就可以拿到一張「國民健康保險被保險者證」，不同地區的被保險者證也不同，有的是塑膠卡，有的是紙卡，但大多不需要照片，如果只是在搬家辦理轉入手續時同時申辦，當天就可以拿到，第一次加入國民健康保險的話，則可能需要等待郵寄。

關於國民健康保險的繳費，因為役所會先確認申請者的收入，所以繳多少錢是由報稅時報多少稅來決定的，繳費方式有直接從銀行扣款，或者用繳費單支付。日本每年報稅季是在三月左右，這時剛好是春假，如果回國度假導致報稅延遲，會一併影響到健康保險的金額，報稅可以等待回日本再補報，但一定要跟健保局確認，否則會被以最高金額扣款，如果擔心這點，可以不要直接扣款，而是採用繳費單來付帳，因為會一次拿到一年分的繳費單，如果嫌麻煩也不用按月繳費，可以一次繳完。

生病的時候就跟台灣一樣，只要帶著被保險證到醫院就醫就行，但儘管有保險，日本的醫療資源仍然較貴，例如我有一次肚子痛去看醫生，醫生幫我照了個胃鏡，又驗了血，結帳時大概要支付日幣八千圓左右，我當場傻眼，只好把證件押在櫃台，忍著痛回去拿錢，所以看醫生之前最好補充一下錢包，免得出現這種窘境。

在役所辦理完轉入手續之後，入境日本必須辦理的法律手續就結束了，接下來就可以開始辦理在日本生活所需要的各項事務。

我的國民健康保險證：

〈正面〉

国民健康保険被保険者証

有効期限 平成２７年　９月３０日
記　　号　**１０**　番　号
氏　　名

生年月日 平成　元年　　月　　日　性　別 女
資格取得年月日　平成２２年　６月　１日
世帯主
住　所

交付年月日 平成２６年　５月　２日
保険者番号　　　　　　　保険者名　相模原市

〈反面〉

注意事項　保険医療機関等で受診するときは、必ずこの保険証を窓口（高齢受給者証や他の受給者証又は医療証をお持ちの方は保険証に添えて）へ提出してください。

　※　以下の欄に記入することにより、臓器提供に関する意思を表示することができます。
　　　記入する場合は、１から３までのいずれかの番号を○で囲んでください。

1. 私は、脳死後及び心臓が停止した死後のいずれでも、移植の為に臓器を提供します。
2. 私は、心臓が停止した死後に限り、移植の為に臓器を提供します。
3. 私は、臓器を提供しません。
　〈１又は２を選んだ方で、提供したくない臓器があれば、×をつけてください。〉
　　　　　　　　　　【 心臓・肺・肝臓・腎臓・すい臓・小腸・眼球 】

〔特記欄：　　　　　　　　　　　　　　　　　　　　　　　　　〕
本人署名（自筆）：
署名年月日：　　　年　　　月　　　日　家族署名（自筆）：
備考

問合わせ先　相模原市役所　国民健康保険課
042-769-8296（賦課担当）042-769-8235（企画給付担当）042-769-8234（収納担当）

2、生活雜項的辦理方法

租屋

　　近年在日本租房子變得方便多了，也便宜多了，以前除了房屋之外，還必須準備押金、給房東的禮金等等，常常一次需要花出半年左右的房租，但現在可以尋找免押金免禮金的房屋；以前沒有日籍的保證人無法租房子，現在也可以花錢讓保證公司幫忙保證，可以說是省了很多工夫。

　　找房子首先要決定的是，要到日本再找還是在台灣先找好？在台灣找房子可經由網路查詢，有些公司有航空寄送合約書和鑰匙的服務，優點是一到日本就可以馬上入住，不必再東奔西走，缺點則是能選擇的餘地較少，價格也較高，而且如果沒到日本看過房子，等到真的入住，也許會跟預想的有所落差。

　　在日本找房子可以分為網路預約和現場看房，可以先從網路搜尋想要的條件，從基本的離哪個車站最近、預算上限是多少，到附設的爐子是瓦斯的還是電力的都可以選擇，最好多比較幾個租屋網站，找出理想中的房子。

步驟 1：請選擇車站。
（可以複數選擇）

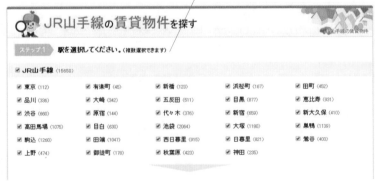

步驟 2：請指定條件。目前共
有 15650 間符合條件

| ステップ2 | 条件を指定してください。 該当物件 15,650 件 |

賃料	下限なし ▼ ～ 上限なし ▼	□ 共益費/管理費を含む □ 礼金なし □ 敷金なし
専有面積	下限なし ▼ ～ 上限なし ▼	※「㎡」は「平米」と同じです
間取り	□ ワンルーム □ 1K □ 1DK □ 1LDK □ 2K □ 2DK □ 2LDK □ 3K □ 3DK □ 3LDK □ 4K □ 4DK □ 4LDK以上
駅徒歩分	◉ 指定なし ○ 1分以内 ○ 5分以内 ○ 7分以内 ○ 10分以内 ○ 15分以内 ○ 20分以内 □ バス乗車時間含む
築年数	◉ 指定なし ○ 新築 ○ 3年以内 ○ 5年以内 ○ 10年以内 ○ 15年以内 ○ 20年以内 ○ 25年以内 ○ 30年以内
人気のこだわり条件	□ バス・トイレ別 (11699) □ 2階以上 (12788) □ 室内洗濯機置場 (12265) □ エアコン (14238) □ 駐車場あり (1729) □ 南向き (4004) □ オートロック (8277) □ 追い焚き (4056)

該当物件 15,650 件　　(検索結果を見る 〉)

さらに細かくこだわり条件が指定できるよ!

位置	□ 1階の物件 (2504)	□ 2階以上 (12788)	□ 最上階 (3204)
	□ 角部屋 (7970)	□ 南向き (4004)	
条件	□ 楽器相談 (587)	□ 事務所可 (1066)	□ 二人入居可 (5177)
	□ 女性限定 (234)	□ 高齢者歓迎 (92)	□ ペット相談可 (1953)
	□ 保証人不要 (3404)	□ 特優賃(特定優良賃貸住宅) (5)	
キッチン	□ ガスコンロ設置済 (9251)	□ IHコンロ (1440)	□ コンロ二口以上 (8750)
	□ システムキッチン (3301)	□ カウンターキッチン (967)	
バス・トイレ	□ バス・トイレ別 (11699)	□ 追い焚き (4056)	□ 温水洗浄便座 (5757)
	□ 浴室乾燥機 (5413)	□ 独立洗面台 (6421)	□ 室内洗濯機置場 (12265)
セキュリティ	□ オートロック (8277)	□ TVモニタ付インターホン (6619)	□ 管理人常駐 (154)
	□ 宅配ボックス (4917)		
冷暖房	□ ガス暖房 (8)	□ 石油暖房 (0)	□ エアコン (14238)
	□ 床暖房 (675)		
設備・サービス	□ 都市ガス (13688)	□ オール電化 (177)	□ フローリング (13070)
	□ 専用庭 (130)	□ バルコニー (12209)	□ バリアフリー (269)
	□ ロフト付き (360)	□ エレベーター (8102)	
放送・通信	□ CATV (6344)	□ CSアンテナ (4147)	□ BSアンテナ (5857)
	□ インターネット利用料無料 (439)	□ ブロードバンド (9586)	
駐車場・駐輪場	□ 駐車場あり (1729)	□ バイク置き場あり (1645)	□ 駐輪場あり (9178)
その他	□ ウォークインクローゼット (1052)	□ リフォーム・リノベーション済 (361)	□ 家具・家電付 (354)
	□ フロントサービス (165)	□ デザイナーズ (1811)	□ タワーマンション (269)
	□ 分譲賃貸 (3539)	□ 免震構造 (223)	□ 即入居可 (11696)
周辺環境	□ スーパー 800m以内 (8779)	□ コンビニ 800m以内 (9521)	□ 小学校 800m以内 (4748)
	□ 総合病院 800m以内 (5006)		

該当物件 15,650 件　　(検索結果を見る 〉)

（圖片來源：租屋網頁 http://www.homes.co.jp/chintai/tokyo/yamanote-line/）

租屋用相關字彙：

◎ 間取り：房間構造。

◎ ワンルーム：單間（有可能不含衛浴設備，或有公用衛浴設備，要看詳細構造圖才知道。）

◎ L：客廳。

◎ D：飯廳。

◎ K：廚房。

◎ 1LDK：含有一個客廳、一個飯廳、一個廚房的房間構造，數字添加依此類推。

◎ バス トイレ別：衛浴設備中廁所和浴室分開。

◎ オートロック：自動上鎖機能。

◎ 追い焚き：再次加熱機能，浴缸裡的水如果冷掉，可以直接再次加熱。

◎ ガスコンロ：瓦斯爐。

◎ IH コンロ：電磁爐。

◎ TV モニタ付インターホン：視訊對講機。

◎ オール電化：全電化，不使用瓦斯等其他能源，全面使用電力的住宅。

◎ フローリング：木地板。

◎ バルコニー：陽台。

◎ バリアフリー：無障礙空間。

◎ ロフト：一樓二空間，利用挑高建築增加房間的空間。

可委託房屋仲介

看到合意的房子後，可以直接跟租屋公司郵件或是電話連絡，約好時間就能夠去看房，至於什麼時候能夠入住，則要看房屋的狀況，有些仲介公司會在確認房間租出去之後進行清掃、換新的榻榻米等等，就還需要一段時間，如果非常急著要入住，也可以跟仲介公司商量，不過最好跟仲介公司講好，該清掃的、該換的設備，在入住之後還是要來更換。

我第一次租房子的時候，因為不想負擔旅館的費用，希望能當天看房、當天入住，太過於想要省錢，也沒有跟仲介公司商量好該做的設備更新，結果不但房子內部很髒，必須自己動手掃除，還缺這少那的，導致只住了幾個月就受不了而搬家了。

除了網路搜尋之外，另一個找房子的好辦法就是先決定自己想住的車站，例如某某車站就在前往學校的動線上，或者知道某某車站生活機能方便、環境良好，總之決定好車站之後，就可以在車站附近尋找不動產業者，通常店門口都會有很多出租廣告，可以先看一下有沒有合意的，再進入店內請業者介紹。

直接前往仲介公司的好處就是，有許多小公司並沒有在網路上放出資料，所以如果已經決定非住在某地不可，在當地尋找業者介紹可能是能獲取較多資訊的方法，通常也能馬上去看房，不需要再約時間。另外，日本的不動產仲介公司都是禮拜三休假，雖然不知道這是否有什麼典故，但就我觀察幾乎每一家仲介公司都是這樣，所以最好避開禮拜三。

日本是春季開學，新學期、新工作造成的搬家熱潮也是在三、四月的時候，這段時期的房屋是最貴的，如果可以，看房子和搬家最好避開一到四月，如果是在淡季找房子，甚至能夠試著向仲介公司殺價，我曾經在六月左右搬家，這時候熱潮已經完全過去，我又是兩袖清風的窮學生，講價之後，仲介公司退讓了日幣2000圓，想想每個月能少付2000圓，累積起來是筆多大的數字啊！

● 租賃契約 ●

　　如果確認好要租房，接下來當然就是簽約，如果擔心自己的日文能力不夠好，畢竟關於法律條文，簽約時最好有可靠的長輩或朋友在場，我碰過的仲介公司都還算親切，會一條一條解釋合約內容給我聽，頻繁地確認我有沒有聽懂，但如果實在擔心，也可以找尋標榜能用英文甚至中文溝通的仲介公司。

　　在日本租房子要事先準備多少錢呢？一般會產生的費用包括：第一個月的房租、零到數個月份的押金、零到數個月份的禮金、零到數個月份的仲介費、保證人費用、保險公司費用。

　　通常押金都相當於一個月的房租，兩個月以上的份量才比較有可能退還，一個月以下就會在搬離時被當成清潔費扣除，就算說好房間狀況良好會部分退費，但畢竟房間不可能維持跟剛搬入時一樣，最後還是會被扣錢，所以一開始就要有押金不會回來的心理準備。如果擔心房東亂扣，在搬入時可以自己拍照留下房間的詳細狀況存檔。現在雖然也有零押金的房間，不過通常會註明搬離時要負擔清掃費用，最好細心確認一下那是多少錢，要是比押金更貴就不划算了。

　　禮金是用來感謝房東願意出租房子給房客居住的，當然這筆錢絕對不會退還。一般相當於一個月份房租的禮金是正常狀況，但由於繳納禮金並不會得到什麼特別的好處，不妨尋找不收禮金的房子，這筆錢省下來，逢年過節帶點小禮物送給房東，效果還比較好。

　　仲介費收多少錢要看各個仲介公司，從零、半個月、一個月還有三個月以上的狀況我都看過，一般一個月份的房租是正常的收費，不收費的非常少見。

　　保證人費用是繳交給保證公司，通常不會超過一個月份房租，如果有日本籍的朋友願意當保證人，可以向仲介公司提出，仲介公司會索要地址寄送文件，對方必須填寫蓋章寄回，就能省下這筆費用。

　　保險公司費用通常也不曾超過一個月份的房租，仲介公司要求的保險等級是他們能接受的最低要求，不大可能再往下降，但如果想保更高等級的保險，可以主動要求升級。

大部分的租屋合約是2年約，住滿兩年可以再續約，不過如果沒住滿2年，會不會產生任何額外的費用、要多久之前通知搬家，這些都必須先問清楚才簽約，以免吃虧。

　　簽約之後，仲介會再詳細講解一些更瑣碎的事情，從如何付每個月的房租到禮拜幾丟垃圾，例如日本的垃圾車不像台灣有音樂，也不會每天都來，而是大概兩天一次到定點收垃圾，如果不知道丟垃圾的定點在哪裡，就只能埋伏等著追垃圾車了。這些生活資訊非常重要，有什麼不懂的最好都一併問一問，不要怕丟臉，反正除非每個月都得親自到仲介公司繳房租，不然2年才需要碰一次面，所以不該卻步的啦！

　　租屋的契約比較長，每家仲介公司要求的簽證居留時間上限可能不同，但至少必須要是持有在留卡的中長期在留者，只持有觀光簽證是無法租房的。如果覺得不會在一個地方居住太久，也可以尋找看看專門租借短期的房屋或是旅館，至於一般的仲介公司，雖然可以商量看看，但大都不是很樂意簽短期契約。

日本的房屋仲介公司

銀行帳戶

銀行帳戶必須要有固定住址才行，所以在找到房子前是沒有辦法建立戶頭的，另外**身分證明**（即在留卡）也是必須的，持有觀光簽證無法在銀行或郵局開戶。

在日本開戶跟台灣有些不同，在台灣高興開哪家銀行的戶頭都行，但我在日本第一次前往銀行說要開戶時，承辦人員看了我的住址卻說：「某某銀行離您家比較近，請您到那裡辦理。」為了怕我不知道那家銀行在哪，甚至還拿出地圖跟我解釋。我大吃一驚，心想還有這種把生意往外推的事情，到底是為什麼呢？也許他們覺得這樣比較好管理吧。

如果有一個以上的選擇，除非確定在日本居留時期之內都絕對不會搬家，不然比起地方性銀行，還是申請全國性的大銀行（例如：三井、みずほ、りそな……等等。）或者郵局比較妥當，這樣即使搬家到另外一個縣市，也能找到該銀行的分局，避免連個ATM都沒得用的窘境。

全國性銀行

みずほ銀行

三井住友銀行

準備身分證明和印章

　　銀行開戶直接到櫃台申辦就行，需要在留卡以及印章，印章最好在台灣刻好帶過去，我目前在日本的百圓商店看過的台灣也有的日本姓氏只有「林」，其他都找不到。

　　關於印章，說件有趣的事，台灣刻印章通常刻全名，我的印章就是圓形的全名印章，在台灣是非常正常的大小，但日本刻印章通常只有姓氏，蓋下去比台灣整整縮小了一圈，所以我每次拿印章出來蓋，日本人都一定會驚訝：「好大顆的印章！」蓋到現在屢試不爽，沒有碰過不出聲感嘆的日本人。

　　雖然台灣的印章在日本顯得有點大，但在法律上並沒有任何違反或不通用的地方，完全可以正常使用，所以不用擔心，我得到的評價往往是「好帥氣」之類的好評，其實滿不錯的。

銀行／郵局開戶流程：

STEP1　請準備能確認身分的證件以及印章，到您想開戶
的銀行／郵局窗口辦理。

STEP2　存摺當場就會交給您。
（根據申請的內容，也有可能日後才進行寄送。）

STEP3　您所申請的卡片會依序寄到。

○○小姐
這是您的郵件

卡片類型選擇：

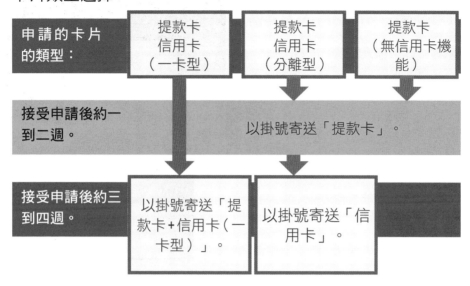

申請的卡片的類型：	提款卡信用卡（一卡型）	提款卡信用卡（分離型）	提款卡（無信用卡機能）
接受申請後約一到二週。		以掛號寄送「提款卡」。	
接受申請後約三到四週。	以掛號寄送「提款卡+信用卡（一卡型）」。	以掛號寄送「信用卡」。	

如何使用ATM？

　　日本的ATM使用流程和台灣差不多，最大的差異是除了密碼之外，還有一種以測量手指血管形狀來辨識是否本人的「生體認證」技術，被大多數的金融機關所採用，可以防止卡片遺失之後被盜領等等。

　　生體認證並非是強迫性的，必須要自動向金融機關申請，在櫃台可以隨時辦理，登錄的時間也很短，手續很簡單。登錄資料之後，不管是要領錢還是匯款，除了輸入密碼還需要把手指壓在儀器上進行認證，本人以外無法使用卡片。一個人在國外，比較沒有和家人共用帳戶，或請家人去幫忙領錢、轉帳等問題，安全起見，非常推薦進行生體認證。另外，進行過生體認證的卡片，通常能提領的金額上限會變高。

　　根據金融機關的營業時間，ATM的使用時間和手續費也會有所變動，最好先進行確認，免得發生特地出門一趟卻領不到錢之類的事情發生。另外，日本的跨行匯款手續費非常昂貴，有的銀行高達四、五百圓日幣，建議至少要開個郵局帳戶，至少郵政銀行是全國共通的。

ATM使用流程：
以郵政銀行(等同郵局)ATM為例

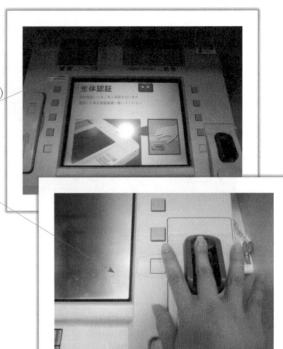

領錢： 1. 選擇「領錢」（お引出し）

2. 插入卡片

3. 生體認證

4. 輸入密碼

5. 輸入欲領現金金額

6. 確認

7. 取回鈔票和卡片。

匯款： 1. 選擇「匯款」（ご送金）

2. 插入卡片

3. 生體認證

4. 輸入密碼

5. 選擇銀行

6. 輸入對方的帳戶

7. 輸入想匯款的金額

8. 確認

9. 取回卡片

登摺： 1. 選擇補摺（通帳記入）

2. 插入存摺

日本的郵局

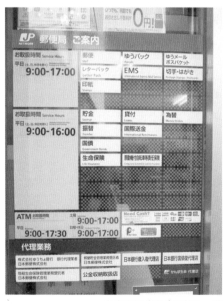

每家郵局營業時間都不一樣

日本郵筒只有紅色的！

開戶、申請信用卡可一次辦理

由於水電瓦斯和網路、手機都可以直接由銀行繳費，但辦理代扣繳費必須先寄送文件，無法和開戶一起辦理。辦理手機時如果沒有銀行帳戶也無法辦理，所以決定好住址之後最好就趕緊去開戶。

另外，日本的信用卡相當不好申請，而且大部分的銀行或信用卡公司都要求每年繳納會費，如果想趁著開戶一次辦理也行，但最好事先研究清楚。

水電瓦斯

在入住時仲介或房東就會詳細講解水電瓦斯的部分，並且提供申請表格，只要照著填寫、蓋章、寄出就行，一般狀況下水和電即使是當日看房、當日入住也完全可以使用，但瓦斯就要請人來接，可能會耗費幾天的時間，如果沒有事先講好，就會在入住的前幾天沒有熱水能夠使用。

負責供水的是水道局，負責供電的是電力公司，負責供應瓦斯的則分為直接接通地下管線的都市瓦斯，以及使用瓦斯桶的LP瓦斯兩種，不過申請的方式大同小異，對房客不會造成什麼差別，而且除非是獨棟住宅，其實集合住宅的房客也沒得選擇。

水電瓦斯的申請表格如果沒有在簽合約時拿到，也一定會放在房間裡，如果仍有疑慮，或者完全沒有辦理過相關申請而感到不安，也可以在簽約時詳細詢問仲介或房東。

網路

網路分為無線網路和有線網路，無線網路可以到電信公司辦理，或到大型的電器行去找網路櫃台辦理；有線網路則可以在租房時直接詢問，近幾年網路越來越重要，很多租屋都有跟網路公司的合作配套措施，可以減免費用，甚至免費使用網路。

確認地址之後就可以連絡網路公司來安裝機器，通常需要數天到數個禮拜，安裝時會一併帶來簽約文件，到時候再填寫蓋章就可以。如果是剛到日本沒有手機可以使用，也可以在簽約時拜託仲介公司幫忙打電話連絡網路公司。

大型電器行的網路申請櫃台

網路合約通常都是兩年約，必須要有固定住址和身分證明才能簽約。日本偶爾會有網路業者上門推銷，如果被說動也可以嘗試更換網路公司，不過沒滿合約期限就更換公司必須繳納違約金，要計算一下是否值得。

我有一次在使用Ａ公司網路期間，被Ｂ公司遊說更換，當時推銷人員糾纏著我講了好久，為了補償即將支付的違約金，答應安裝網路之後給我價值日幣一萬多圓的禮券，我算一算沒虧於是點頭，但是因為我一天沒碰到網路就像缺水的魚，所以要求他先來把網路裝好我再跟前一個公司解約，結果沒過幾天就接到Ｂ公司的電話，說我家附近沒有他們公司的網路線，如果要安裝網路線，必須支付日幣兩萬圓，我一聽頓時大怒，當場就跟他說那不必來裝了，幸好我還沒解約，否則不就吃了個悶虧嗎？所以還是要謹慎小心處理比較好。

如果是短期居住在某地，馬上就會移動，或者根本就在旅行中，卻很需要網路該怎麼辦呢？可以嘗試看看租借無線網路。日本有不少家租借WIFI的公司，可以用「WIFIレンタル」（WIFI出租）之類的關鍵字查詢，多方比較價格和方便性。

我自己有在日本國內旅行時租借網路的經驗，覺得這項功能非常方便，尤

其有些公司可以把機器寄到旅館，或者是機場郵局，一下飛機馬上就能領取，以及可以用外國發行（也就是在台灣申請）的信用卡付帳，要將機器歸還時，只要放到當初寄來時附上的信封袋裡，塞進郵筒寄出就行，租借日期也是從兩天一夜，到三個月以上的包月方案都有，非常具有彈性，對少不了網路的人提供了很大的便利性，而且只持有觀光簽證的遊客也可以租借。

　　我自己使用租借無線網路的感想是，機器只有巴掌大，攜帶方便；除了有些山區收不到信號，覆蓋範圍還算廣闊，接續速度也不錯；收到之後馬上可以使用，由於機場有郵筒，歸還當日也可以一直使用到機場再寄出，再加上一台機器可以同時為複數的電腦或平板電腦供應網路，如果是幾個朋友一起旅遊也可以只借一台就好，非常划算，如果只是想短期使用網路，不妨參考這個方案。

手機

　　在日本申辦手機需要固定住址、銀行帳戶以及身分證明，持有觀光簽證無法辦理手機，但可以到家電行等地購買拋棄式手機，充值之後就能使用，有很多日本國內電話要打的話不失為一個好選擇。但如果只是想跟在台灣的親朋好友連絡，那用台灣的手機漫遊，頂多再加上日本的公共電話就可以應付，可能沒有必要辦理手機或購買拋棄式手機。

　　如果要在日本長期居住，手機當然是必需品，申辦手機到大型家電行或者手機門市就可以辦理，辦理時需要攜帶：在留卡、銀行提款卡或者信用卡、印章。日本也有零圓手機，但因為都是簽兩年契約，如果手上的簽證居留期限沒有超過兩年，就無法分期付款，必須一次繳清。

　　我一開始在日本辦手機時拿的是打工度假簽證，居留期限只有一年，當時身上錢不太夠，只好含淚問櫃台小姐：最便宜的手機要多少錢？結果即使最便宜的也要日幣將近兩萬圓，實在是大失血。這一兩年來二手書連鎖店BOOKOFF開始販賣二手手機，如果像我一樣錢不夠又不能分期付款，可以考慮先買便宜二手機應付。

最近平板電腦和智慧型手機人手一台，不過台灣的平板電腦拿到日本其實無法加入3G網路，台灣的智慧型手機拿到日本也不一定能用，如果是為了去日本才想買智慧型手機，最好到當地再買，不然想著在台灣撿便宜，結果到日本卻不能用就本末倒置了；如果手頭上已經有智慧型手機，因為每家電信公司的規定和要求不同，能提供的服務也不同，可以直接連絡電信公司，先詢問他們能不能繼續使用，再決定該怎麼做。

　　在日本如果有認識的朋友，並且想和他申辦同一家電信公司的手機，可以請對方撥時間一起前往申辦，因為通常經由介紹加入，兩方都會得到不少優惠，例如禮券、減免月費等等，價值往往高達上萬日圓，千萬不要錯過。

　　不過到底該辦哪家電信公司呢？這常常是初來乍到者最大的疑問。當然如果已經有在日友人，而且以後也會跟他繼續連絡，那麼最好是他辦哪家就跟著辦哪家。不過如果沒有這樣的對象呢？

　　日本最大的三家電信業者是：DOKOMO、AU、SoftBank。我沒有想幫哪家業者打廣告的意思，不過公認留學生最多的是SoftBank，因為基本月費最便宜，以及擁有固定時段內網內互打免費的政策，留學生間有個笑話說：「如果你的手機不是SoftBank，你永遠接不到同學的電話。」雖然聽起來有點誇張，不過確實是有不少前輩和同學都這麼說過。

　　雖然留學生之間是這樣，不過我觀察之下，日籍學生是AU比DOKOMO多一些，SoftBank幾乎沒有。因為無法預測自己到底會交到使用什麼電信公司的朋友，結果還是要

電信公司門市

辦理手機的店家

靠自己決定。所幸現在不收費的通話軟體也不少，即使對方嫌棄電信公司不同，手機費太貴，應該也不會就這樣斷絕來往才對。

電信公司之間搶顧客其實搶得很兇，雖然沒使用到契約期滿必須要付違約金，但有些電信公司會願意替顧客支付違約金，所以先依照自己的愛好來選擇，將來交了朋友發現大家都辦理某個電信業者的手機時，再跳槽也不遲。

另外，日本跟台灣很大的不同就是，台灣只要得到對方的電話號碼就可以傳簡訊，但日本除非是同一家電信公司，否則必須要交換一個像電子郵件一樣的帳號地址，才有辦法互傳簡訊。

說到簡訊，最後提一下我自己碰到的手機小陷阱，日本的手機簡訊是收件人和發件人都必須要付帳，剛開始我並不知道這一點，只覺得我的手機簡訊費好貴，但我明明不常發簡訊啊？為什麼會這麼貴呢？後來朋友告訴我收件人也要付費之後，我才驚覺原來我是垃圾簡訊收太多，於是立刻將這些垃圾簡訊的帳號都加入黑名單，當月的手機費立刻少了日幣兩千圓，想到我付了好幾個月的垃圾簡訊費，真是心裡滴血啊。

租 車與買車

如果住在交通方便的都市，車子不太會是必要的交通工具，頂多購買腳踏車就已經十分夠用，但如果所住的城市幅員遼闊，或者必須固定地進行長途旅行，又或者就是喜歡開車，那就可以考慮一下租車或買車。

要開車首先要有駕照，日本早年就已通過與台灣的駕照互惠措施，只要擁有台灣駕照，不需要考取國際駕照，也不需要路考及筆試，就能申請換發日本駕照，不過當場仍會作視力等健康檢查。

申請換發的地點在日本各都道府縣警察局的駕照中心，申請時所需要攜帶的東西如下：

① 台灣的駕照：必須是在有效日期之內，出國前最好確認一下是否還有效。另外取得台灣的駕照以後，至少要在台灣停留三個月，才適用換發日本駕照。

② **台灣駕照的日文譯本**：必須要由公認的機關發行，例如在台灣可洽詢「亞東關係協會」，在日本則可洽詢「台北駐日經濟文化各代表處」或者「社團法人日本自動車聯盟」。

③ **住民票**：要有記載目前的住處，可以在居住地區的役所申請。

④ **取得駕照後在台灣停留了3個月以上的證明文件**：通常是護照，如果目前持有的護照是新辦的，可以把舊護照也一起帶過去，以防萬一。

⑤ **照片**：必須是要在最近六個月內拍攝的，高3公分，寬2.4公分的素色背景脫帽照片。申請一種駕照需要一張，如果不確定可以多帶幾張備用。

⑥ **在留卡**。

⑦ **手續費**：根據要申請的駕照種類，手續費各有不同，可以上駕照中心的網站確認。

參考資訊

東京警視廳

http://www.keishicho.metro.tokyo.jp/
menkyo/menkyo/kokugai/kokugai05.htm

日本交流協會

http://www.koryu.or.jp/taipei/

換發駕照必須要在居住地所屬的駕照中心申辦，如果不確定自己該到哪一個中心申辦，可以詢問役所。

日本出租汽車和摩托車的地方不少，可以以自己需要用車的頻率，來計算租或買哪個划算，在日本買車相較台灣便宜許多，但車檢和每年相應遞增的稅率是十分龐大的金額，日本的車輛汰換率相當高，在街上很難看得到新車，就是因為養新車比養舊車划算的緣故。

那麼，以上的生活雜項都辦理完畢後，就可以在日本輕鬆便利地過日。

Chapter 05
生活的省錢
　　　小撇步

1、食：省什麼都不能省飯錢

2、衣：吃飽了也要穿暖

3、住：金窩銀窩不如溫暖小窩

4、行：千里之行始於千金

5、育：學校是個燒錢的地方

6、樂：有錢要玩，沒錢也要玩

生活就是柴米油鹽醬醋茶這類的小事，雖然是小事，但只要把握省錢的法門，會讓在國外的生活變得輕鬆許多。

我自己是非常節儉的人，說得實際點就是很摳門，對於每個月花多少錢錙銖必較，已經到了走火入魔的地步，曾經一個月伙食費只花日幣三千圓，在台灣的朋友十分驚嘆地說：「明明物價是我們的三倍，妳只花了我三分之一的生活費！」

想要省錢，首先推薦大家必須勤記帳。我剛赴日的時候，一個留學生前輩非常鄭重地叮嚀我一定要開始記帳，記帳有兩個好處，第一是可以比較同一件物品的價格，避免自己下次買貴；第二是能有效控管自己每個月的收支，尤其在台灣時與父母同住的學生，可能完全沒有掌管過一個家的經濟，一旦開始獨自生活，如果不把一切收支列出來，根本難以明白要從哪個地方入手節省。

當時候我一聽留學生前輩說到要記帳，第一反應是覺得無比麻煩，每天買了什麼都要鉅細靡遺寫下來，還要在那裡加減乘除，想想都累，但前輩馬上反駁，其實不一定要用手寫，可以使用Excel等列表工具，還有自動計算的功能，統計收支非常方便，最後幽默地說：「唯一麻煩的只有每次買東西得收集發票了，不過總有一天不需要拿發票也能記住每件東西的價錢，那表示妳的主婦技能已經練到了滿級。」

可惜好像沒有什麼主婦檢定，不然我還滿想去考考看的。當然，在這裡不要求大家把主婦技能練到滿級，不過還是分享一下我個人的省錢小撇步，希望大家在日本的生活能夠因此而變得更加順遂。

我一個月只花
日幣3000圓喔

1、食：省什麼就是不能省飯錢

在此鄭重發誓，我上述一個月三千的「戰績」，並沒有把一天三餐縮減成一餐，我還是都有好好吃飯。節省是為了讓生活變得更好，如果把自己餓出病來，那就本末倒置了。

那麼，不一天砍掉兩餐，要怎麼省伙食費呢？首先，在日本外食非常昂貴，所以一定要減少在外面吃的次數，儘量自己煮。

我曾經在跟日本同學談論物價時說：「你們知道台灣的便當要多少錢嗎？有飯、有菜、有肉，還有附湯，在店裡吃還飲料喝到飽，只要日幣一百五十圓！」全部人都露出深受震撼的表情，還有人立刻嚷嚷：「天啊！我要去台灣吃便當！」當場就把我笑翻了。

在日本，即使是學校福利社賣的便當，份量少、不好吃，也至少要日幣三百圓起跳，基於兩地物價差異，這是沒辦法的事情，但福利社都是這個價位了，就別說一般的餐廳了，所以還是鄭重推薦自己煮。

要自己煮當然要先買菜了，我在日本沒看過類似台灣的傳統市場，只有商店街和超市。當搬到一個新地方時，可以在附近繞一繞進行比價，畢竟每家店便宜的東西不一樣，貨比三家不吃虧。

如果不但貨比三家了，還想比這三家的常價更便宜，那就要等限時折扣，也就是商店會把快要到期的東西貼上折價貼紙出售。日本的限時折扣好像挺有名的，特別是半價便當，甚至還有專門描述搶奪半價便當的動畫。在真實生活裡，當然沒有那麼誇張，至少沒到大打出手的程度，不過確實我看過的每家超市都會有這種折扣，而每到開始貼半價貼紙的時間逼近，便當區就會有一群人虎視眈眈地徘徊著。

然而，便當到底什麼時候打折呢？根據每家超市的營業時間不同，打折的時間點也不一樣，根據我的觀察，便當折到半價大概是超市關門前一到三個

小時左右，也就是說一般九點關門的超市，打折時間大概是七到八點，買來當晚餐剛剛好。而最難抓時間的就是二十四小時營業的超市，有些二十四小時超市的打折時間並不規律。

除了便當之外，蔬菜、水果、肉類、麵包，甚至餅乾糖果和飲料，只要是有保存期限的東西，總有一天都會打折，至於什麼時候打折，就要靠鍥而不捨的觀察，還有一顆主婦的心了。

不過，遇到非得吃外面的時候怎麼辦呢？除了學校食堂之外，也可以考慮便宜的連鎖店。之前我曾經有台灣的朋友來玩時，再三強調不想吃吉野家，因為台灣也有，但既然已經在日本生活，就是「當地人」了，和日本人一樣吃牛丼連鎖店也沒關係嘛！

另外我也曾經碰過台灣女性朋友表示，這種店跟一般餐廳不同，都是趕時間的人在吃的，男性上班族之類的客人很多，好像一個人進去會很不安。但我自己完全沒有這個問題，因為我常常是打工前後趕著吃個便飯，幾乎都是一個人進去的，確實吃這個比較沒情調，所以女生不多，但也是習慣就好。這種連鎖店講求低消費和快速服務，和店員的交流非常少，如果日文不佳，也可以指著圖片點餐，其實是很不錯的選擇。

好的，那麼在開始新生活、為了省錢被自己的「手藝」折騰了幾個月，也吃膩了超市便當和牛丼，想吃點好的卻又不甘願花大錢的時候，該怎麼辦呢？

日本有為數眾多的店家提供商業午餐，本身就好吃的店家所提供的午餐，通常也都還不錯，而為了推銷，價錢也並不會太高，所以如果想求取平衡，不妨午餐吃外面、晚餐自己煮，這樣既省了錢，又吃到好吃的。另外

食堂的食券販賣機

如果外食機率很高的話，也可以考慮購買食券，先在網路上搜尋有沒有折價券，再看能不能累積點數，積少成多也等於省下一筆小錢。

在此提供幾個食券以及搜尋美食的網站，如果不知要挑選什麼來吃的時候，也可以參考一下別人的意見。不過日本人和我們口味不同，我曾經按圖索驥地照著美食雜誌去找拉麵店，結局是被鹹到哭出來，從那之後我就對別人的意見不大有信心，但事先參考一下大概的消費基準以及菜單、環境等，也是不錯的選擇。

參考資訊

HOT PEPPER

http://www.hotpepper.jp/SA11/

食べログ（食記）

http://tabelog.com/

話又說回來，除了節流之外，開源更重要，所以與其每天省著吃飯的開銷，相較之下，最好的方法其實是找到有附餐的打工機會，既有錢拿，還有飯吃，一兼二顧，摸蜆仔兼洗褲！

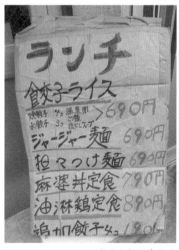

商業午餐的廣告牌

貼上折價貼紙的食物

2、衣：吃飽了也要穿暖

省完飯錢，再來就該節省買衣服的錢了，飯不能不吃，可是衣服可以不買，自然而然最省的就是——不買衣服。

如果能歸納出以上的結論，這真是節省開銷再正確不過的態度了！閣下已深諳省錢之道，完全可以出師！不過話又說回來，省錢和不花錢是兩回事，聽說人類的意志力是有限的，壓抑過頭要是萬一爆炸，忽然決定刷卡買件日幣三十萬圓的和服，可就不妙了。

日本的四季相當分明，比起已經快要只剩兩個季節的台灣，日本的換季時間規律而且明顯，一旦換季時間來臨，服飾店、大賣場、百貨公司就會急匆匆地出清存貨，而這也是買新衣的最好時機。

以關東為例，打折期間大約是在每年的七、八月以及一、二月，這種換季打折並不是小打小鬧地打個八五折回饋，而是真的急著要出清，即使是百貨公司，也有可能會壓到一折。所以當注意到夏天和冬天即將結束，就可以開始觀望服飾店、商場和百貨公司是否即將進行打折出清，趁機出手，來一次半年份量的購物。但要小心別被便宜的價格沖昏頭，結果買了一堆根本不會穿的東西，得不償失！

正確的時間很重要，其次當然就是地點了，例如銀座是有名的精品服飾區，去銀座買東西首先要有「不可能會便宜」的心理準備。至於澀谷（包括附近的原宿和表參道）、新宿、池袋等地，年輕人比較多，應該算是價格波動較大的地方，既有貴得嚇嚇叫的精品店，也有非常便宜的大賣場，可以一邊逛街一邊挖寶。

由於在買衣服這件事上，每個人的品味和能夠接受的價格都不同，所以很難向不認識的人推薦逛街的地方，不過我個人比較喜歡逛的是下北澤，一年四季價格都還算平價，台灣的朋友來玩都說很不錯。

另外，有些季節性很重的服飾，要是錯過季節就很難買到或者賣得很貴。例如說浴衣，一旦煙火季節邁向結尾，浴衣店也可能會關門或改賣別的東西，所以如果有這方面的需求一定要抓準季節。

日本還有不少的二手衣店，如果不介意二手的話，也是個省錢撿便宜的好方法，二手衣店通常也會同時收購舊衣，所以也可以把不穿的舊衣服賣掉，平衡一下收支。

最後推薦給即使這樣仍然嫌貴，決心自己動手、豐衣足食的朋友：日暮里。日暮里有一條纖維街，又稱為布街，街上擁有超過六十家布店，不管是布料、縫線、鈕扣、零件，跟衣服有關的幾乎什麼都賣，想自己做衣服的朋友不妨前往一遊。

日本的氣候與服裝搭配一覽表：

春季（3月～5月）	秋季（9月～11月）
・3月底到4月上旬，櫻花盛開的時候正是仲春的季節。這時候，山上、田野和花園里到處都是美麗的櫻花。 ・在這個季節您只要穿上薄薄的短上衣或毛衣。	・過了炎熱的夏季以後就是天高氣爽的秋季了。這時候樹林里到處蓋滿了紅紅的秋葉。公園里，花園里一下子開滿了美麗的菊花。秋天的時候有很多展覽會和音樂會，還有體育競賽。 ・薄薄的短上衣或毛衣之類的外衣。
夏季（6月～8月）	冬季（12月～2月）
・夏季從6月份開始，其中有3-4個星期的時間是梅雨季節。農民正好利用這時候的梅雨進行插秧。到了7月份的時候就是暑氣逼人的盛夏季節了。在這個季節日本人喜歡到海濱去沐海水浴，或者到山區去避暑。日本在夏季還有許多節慶‧活動。 ・只需要薄薄的衣服就可以（但是，因為很多地方都有冷氣設備，所以如果備上一件外套的話就更好)。	・在太平洋沿岸的平原地帶，氣溫大多在零度以上。天氣乾燥，陽光柔和。在日本的中部和北部地帶，這時候正是開展冬季體育運動的大好時光。在日本的南方地帶，這時候還是舒適溫暖的氣候。 ・這時候需要穿大衣和毛衣等可以保暖的衣物。 資料來源： 

3、住：金窩銀窩不如溫暖小窩

「如何找房子」，這已經在上一章詳細敘述過了，包括在淡季時搬家以及記得跟仲介或房東殺價，都是能省下大筆費用的好方法。

那麼，有了自己的小窩，當然需要添購生活用品，這些東西在哪裡買比較便宜呢？一般生活雜貨，從鍋碗瓢盆到筆墨紙硯，追求便宜首推百圓商店，雖然有些東西品質堪慮，我有買過用了三小時就直接報銷的商品，但大部分都還算可以撐個四、五年。近年來百圓商店的東西也越做越精美了，有些大間的百圓商店逛起來堪比精品店，令人十分擔心他們到底有沒有賺到錢。

雜貨可以在百圓商店買，但像是衛生紙、洗髮乳這些生活用品，就要推薦藥妝店了，日本的藥妝店繁多，有些地方一條街開了三、四家藥妝店，一天到晚打折回饋、削價競爭，看起來就像在做著賠本生意似的。當然了，身為消費者，必須對此樂見其成，既然他們都開在這麼近的地方了，一定要記得「貨比三家」這個不變的法則！

生活用品百百種，特別值得一提的是衛生紙，有到日本旅遊過的人應該會注意到，日本的廁所衛生紙都是直接沖入馬桶的，事實上不只公共地區如此，所有的家庭也都是這樣，所以衛生紙分成一般盒裝面紙，以及廁所專用的捲筒紙。有件很有趣的事是，日本的店家很喜歡在街上發廣告面紙，尤其是大都市，在街上轉一圈能拿到手軟，所以我在日本待了這麼多年，從來沒買過盒裝面紙，真得感謝街上「伸手牌」的免費面紙用都用不完。

生活用品之外，如果需要大件的電器，可以考慮網路購物或者拍賣網站，在電器行買一定是最貴的，電器賣場（如Bic Camera或Yodobasi Camera等等）也不便宜，但優點是可以累積點數。如果實在是對網購電器感到不安，至少也要在網路上先進行比價，再親自去店裡面購買，以免買得太貴了吃虧。

該添置的東西都添置了，暫時想不到家裡還缺什麼，就先偃旗息鼓吧，如果不介意的話，接下來可以等著用撿的。什麼叫用撿的呢？當然就是把別人扔出來的東西撿回家廢物利用了，千萬不要覺得這樣做很窮酸、很傷自尊，日本的汰舊率相當高，扔東西毫不手軟，很多時候可以撿到看起來仍然是嶄新狀態的東西，我的想法是，撿起來它就是資源，不撿起來它就是垃圾，再給人家一次機會也滿好的嘛！

我自己撿過衣架、書，我朋友還撿過微波爐，也聽說過有人撿過電視和收音機，我還曾經看過有一箱玩具上面貼著字條：「喜歡的人請隨意拿走」，另外也看過幾乎是全新的衣櫃和書櫃，可惜太重了，我搬不動，總之撿東西沒什麼好丟臉的。

雖然不丟臉，適度回收就好，我倒看過有人真的撿到走火入魔。有一次我朋友來我家玩，發現我的廚房竟然沒有鹽巴，下次來訪的時候就帶了一罐鹽給我，我很感動地謝謝他竟然還記得買禮物，結果他回答：「喔，沒什麼，我是從垃圾場裡撿的。」我當下唯有無語。

原來他們學校有垃圾場，據說相當乾淨，每年住宿生要畢業了，就會丟出一整批的東西，他撿得樂此不疲，鹽巴雖然是吃的，但反正沒開封過，他覺得這完全能用，洗一洗就順手帶過來給我了。話是這樣說沒錯，那罐鹽我懷著微妙的心情，用著也沒有任何問題，但我至今仍然沒有決定好到底要謝謝他，還是罵他「兩光」。

除了用撿的之外，跟學長姊打好關係，等著對方畢業或搬家之後接收資產也是不錯的選擇，我就接收過電風扇、冰箱、微波爐、腳踏車等等，省下相當大的一筆費用。

不過說真的，雖然布置溫暖小窩也很重要，但不推薦大家有意識地添購太多東西，為了省錢固然是個原因，主要是除非有永遠定居在此地的打算，否則總有一天也是要搬走的，到時就會發現，住得越久，行李越多，簡直是以等比級數增加，讓人懷疑這個房間是不是個聚寶盆，東西收都收不完。根據我自己和同學搬家的經歷，翹課收拾的有之，熬夜收拾的有之，大家往往堅

信自己就是那個最節省、最不會亂花錢的人，然後在搬家的前幾天徹底辜負自己的信任。無意識尚且如此了，讓人不由得疾呼：「千萬克制住，不要亂買東西啊！」

說到搬家，最後在此必須提醒一下，搬家時一定要先估算一下自己的行李量，如果東西不多，可以考慮由郵局寄送，郵局提供到府收貨的服務，還可以指定送貨日期。郵局不能寄送的大型家具、家電，例如洗衣機，則可以委託給宅急便。根據我的經驗，這一切如果能控制在日幣兩萬圓以下，那就是寄送比較划算，如果超過兩萬，建議考慮僱請搬家公司，現在大部分的搬家公司都能接受網上比價，也頗方便。

另外，日本的丟垃圾制度跟台灣完全不一樣，台灣是每天在垃圾車來時拿出去丟，但日本通常是在固定的日子裡將垃圾放在固定的場所，例如說一、三、五回收可燃垃圾，禮拜二回收紙類，禮拜六回收鐵鋁罐等等，放置的場所和放置的時間都有規定。

當搬到一個新的地方時，仲介或房東一定會告知垃圾分類的訊息，如果仲介忘記告知或並不了解，可以自行到役所索取垃圾回收表，上面會明記例如星期幾要回收什麼？什麼才算是可燃垃圾？牛奶盒要怎麼處理等等詳細的問題解答。

剛開始這種垃圾回收法通常很難適應，也會覺得很瑣碎，不過久了就會習慣了。如果丟錯垃圾，丟出去的東西會被遺留在原地，還會被貼上紙條「公開處刑」，更何況這樣既不美觀也不衛生，丟垃圾之前還是先確認一下，按規矩行事比較好。

日本的垃圾分類回收標誌

不可燃垃圾

可燃垃圾

資源回收

以杉並區為例子：

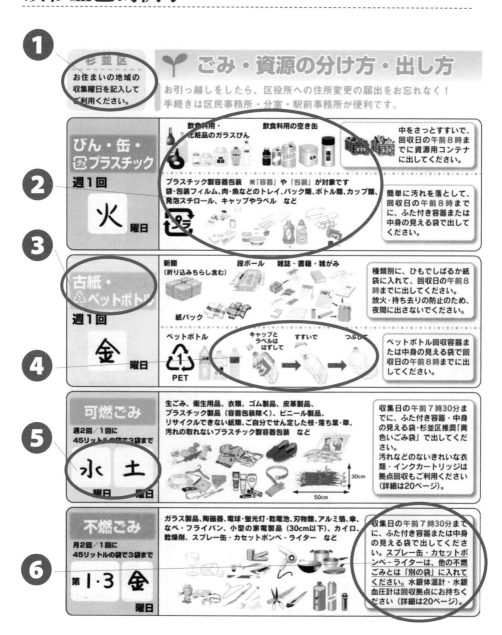

垃圾、資源回收分類說明

❶ 地區名

每個地區的回收方式不同，搬家時一定要索取新的回收表。

❷ 此類垃圾包含的類型

例如塑膠類包括塑膠瓶、塑膠蓋、泡麵碗等等。各地區的分類大致相同，但搬家時還是要注意是否有細微的差異。

❸ 回收的大項目

例如紙類、鐵鋁罐、可燃垃圾等。

❹ 回收物的整理方法

根據地區可能有所差異，要稍微注意一下。例如此處要求將瓶蓋和塑膠標籤紙分開回收，並把寶特瓶壓扁。

❺ 此類垃圾的回收頻率和星期。

根據地區完全不同，注意不要丟錯。

❻ 回收時間和方法

詳細指示回收的時間，例如早上七點半之前必須拿出來；還有回收的方式，例如要用什麼顏色的塑膠袋裝等等。根據地區完全不同，一定要注意。

垃圾回收放置點

4、行：千里之行始於千金

不管是單純的觀光還是在日本久住，應該都會發現在日本出乎意料地占據龐大消費額的，其實是——交通花費。

對日本人來說，台灣的公車、捷運，甚至是計程車，都是令人驚異的低價，相對來說，日本的交通費對我們而言就是令人驚異的高價了，到底要如何才能在這之中節省到錢呢？

首先，除了萬能的雙腳之外，最便宜的交通工具一定是電車。但相對於台灣，日本的電車路線非常亂，尤其是東京，除了國鐵之外還有私鐵跟地下鐵系統，有時候在車站拿免費的線路圖，都會有某些系統沒有畫上去，因為線路和車站根本多到畫不進去。

我剛到東京時，拿鐵路一點辦法都沒有，即使車站都會列出路線圖和票價，只要想去的地方稍遠一點，頓時就毫無幫助。於是我每次要去不知道怎麼去的地方，乾脆直接問鐵路站員，日本的站員都很親切，有些還會幫我查好幾點幾分在哪個月台轉車，全部寫下來給我，不過事後想想耽擱他們那麼多時間真是不好意思。

之後我終於發現有可供查詢路線的網站，不管是想設定幾點出發或者幾點到達，還有計算最短時間或最便宜票價都可以查詢，非常方便，推薦如下：

日本的無線網路據點少之又少，車站雖然都有網路，但幾乎都是要付月租費才能使用的類型，所以如果自己沒有網路可查好再出門，即使隨身有智慧型手機或平版電腦之類可以上網的工具，建議最好還是先查好路線，抄起來再出門比較安心，也不至於因為連不上網路，誤事或誤了班。

> **參考資訊**
>
> YAHOO! 路線
> http://transit.loco.
> yahoo.co.jp/
>
>

如果總會頻繁前往某個車站，例如說上學，就可以購買月票，日本的月票有「**通勤定期**」及「**通學定期**」兩種，前往車站購買時，通勤不需要任何證明，通學則需要學生證，學生月票非常便宜，大概是一般月票的半價，剛入學時也許不會馬上拿到學生證，千萬別急著這時候買通勤月票，不然就吃上大虧了。

除了上學，打工的地點也屬於會頻繁前往的地方，聽很多前輩說，以前他們打工都是報多少交通費就給多少補貼的，但也許是因為不景氣吧，我做過的許多工作都是無法報銷交通費的，有些是無法報銷跟學校月票重疊的地區，又或者有的是定了個報銷上限不能超過。沒能拿到交通費補貼，無異於少了一個省錢的方法，真是令人遺憾至極。不過在面試工作的時候還是可以試著詢問看看，電車不能報，那能不能報公車？五百不能報，那能不能報三百？報一點是一點。

比如我們學校離車站十五分鐘路程，雖然有公車可以搭乘，但公車繞來繞去，趕時間時，還不如自己用走的，又快又省錢。

我有一個朋友面試打工工作時，店家表示，因為公司就位於他的電車月票路線上，所以不予報銷，他也只能勉強同意，沒想到另外一個員工卻提出要報銷這段公車的交通費，竟然通過了，這時候他也不好再改口說也要報公車費，只好含淚認了。所以把握自己家和學校附近的交通手段是非常重要的。

如果前往某個車站的頻率沒有高到必須購買月票，就不妨改買**回數票**，回數票可以從車站的售票機購買，通常是十一或十二張票一組，回數票是有消費期限的，要掌握時效使用，注意不要放得過期了。

另外，不少車站附近有著販賣**便宜票券**的地方，這些票店從股東手上大量購買車票，或者直接購買回數券，再用比一般票價便宜一點的價格販售，如果要去某站的頻率沒有高到值得買回數券的話，那就可以考慮這種可供零買的便宜票券了。這種便宜票店稱為「**金券屋**」，可以在出門之前，上網查詢一下車站附近是否有類似店家，尤其是要乘坐新幹線的話，金券屋可以省下可觀的交通費用。

儘管新幹線是速度最快的陸上大眾交通工具，但新幹線的價格實在不親民，我目前看到**最便宜的長途旅行交通工具是夜行巴士**，也就是半夜發車、早上到達的長途巴士，從關東到關西來回一次，都比新幹線單趟還要便宜，可以網路訂購、超商取票，要長途旅行的話不妨考慮一下。我自從知道有夜行巴士的存在，就沒坐過新幹線了，實在是太便宜了，不過**缺點是在車上實在很難睡得著**。

便宜票券店

在便宜票券店可用較低價格
購得新幹線票券

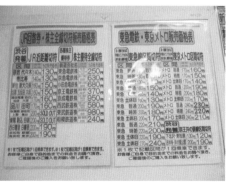

在便宜票券店可用較低價格購得電車票券

除了電車，在日本被廣泛使用的交通工具還有腳踏車。如果想同時省交通費跟房租，可以選擇離學校比較近、但離車站比較遠的房子以平衡租金。日本地面較廣，交通狀況也算安全，有台腳踏車是不錯的選擇。上面曾經敘述過用撿東西的方式來節省開銷，不過腳踏車的情況特殊，即使是明顯被扔在垃圾場的也勿撿為妙，因為日本買腳踏車時會進行登錄，怕亂撿之後被當成偷竊。如果是購買二手腳踏車，也最好詢問一下登錄方面的證明，確定沒問題之後再買。

日本的公車很方便，就像台灣一樣，現在都是一張電子票卡就可以使用大部分的大眾交通工具，不過公車不是每站都停，搭乘時可能要注意一下何時該按鈴，別到站沒停坐過頭，電車坐過頭只要去反方向月台等下一班車就好，公車坐過頭，不但浪費時間，還得再多花一次票錢。

說到電子票卡，即使是旅行時也推薦購買，第一，非常方便又節省時間，由於日本鐵路系統混亂，光在那裡看路線圖，找自己到底要買多少錢的票，就可以錯過好幾班電車，電子票卡則只要注意有無餘額就行；第二，電子票卡的車票錢比實體車票便宜，雖然差不了那三圓、五圓，但是積少成多嘛！旅遊時購買一張，如果下次還會到日本玩就帶回國，如果不要了就拿去車站退錢，不會吃虧。

提到旅遊，我大部分來玩的朋友，碰上交通問題都會問的一定是：「要不要買國鐵券（JR PASS）？」坦白說，這沒有標準答案，完全是按照行程規劃而決定的。不少人覺得國鐵券可以坐全日本的電車，不過就像之前已經說過的，國鐵只是一個電車系統，還有私鐵和地下鐵，這三個系統並不通用，如果要去的景點並不是都在國鐵的車站上，那買了就肯定不划算，所以一定要在規劃時先查好交通路，再決定該不該買國鐵券。

根據我的經驗，買了國鐵券，必須要使用到新幹線才會回本，如果只是要在一個城市玩，即使要去的景點都在國鐵上，買一日乘車券也夠用了，而若是為了考慮到買國鐵券可以省掉次次買票的麻煩，那麼，購買電子票卡也同樣很方便，所以不妨在行程規劃時就大略計算一下車費：經由路線查詢網

站，在家就先算出要花多少錢，出門完全沒問題，再跟國鐵券的價格作對比，高低立判，這樣就能知道需不需要買國鐵券了。

　　總之，在交通上省錢的密訣不外乎事前規劃、事先計算，雖然看起來很費工夫，但養成出門前查詢線路的習慣以後，會發現心裡有定數，很安心，而且事實上也沒那麼麻煩，不只是省錢，有時候還可以省下很多冤枉路。

我與朋友一起出遊～

5、育：學校是個燒錢的地方

　　雖然說教育是一種投資，但這份投資金還真不少，日本的私立大學一年的學費突破日幣百萬圓，再加上生活費，對一般家庭來說著實是不能承受之重。想要省學費，最好的方法就是在台灣報考公費留學，如果考不上公費，那就報考日本的國立大學，如果想念的大學正好是私立學校，至少要先確認一下是否訂有留學生學費減免政策。

　　另外，**有些學校對於本校畢業生有優待政策，一路碩士、博士讀上去，學費越讀越便宜**，如果覺得在日本環境適應得不錯，也可以好好考慮升學。

　　要省學費，除了公費留學、學校減免、拿獎學金之外，並沒有什麼特別的好方法，關於獎學金，可以參考以下網頁。

參考資訊

交流協會
http://www.koryu.
or.jp/

　　不過除了學費之外，其實還有其他的開支，例如教科書的費用，回想我一年級時乍然看到日幣兩萬多圓的書單，簡直就是晴天霹靂啊！當下立刻決定，買二手書也可行，只要別因為教科書買到破產就好。大概是因為教科書用完之後大致上沒什麼別的功用，二手書店裡的教科書其實不少，而且書況都尚屬良好，可以省下一部分的錢。在此推薦幾家有名的連鎖二手書店以及網路購物的書店。

日本最大的二手書連鎖店

為什麼介紹大型連鎖店，是因為通常買教科書的時限較短，連鎖店在搜索上比較容易，而如果沒有確切目標，只是想淘書撿便宜的話，東京的神田或荻窪一代有不少二手書店，也不妨去逛一逛。

如果二手書店沒有貨了，非得要買新書的話，通常通過福利社購買是比較便宜的，可以看看福利社有沒有提供網路書局的會員申辦方式，例如我們學校福利社買書是九折，可以在網路上訂購之後送到學校，學生再去領取，也不收取運費，相當划算。

連鎖二手書店以及網路購物的書店網站

參考資訊

BOOKOFF

http://www.bookoff.co.jp/

古本市場

http://www.furu1online.net/

AMAZON

http://www.amazon.co.jp/

學校的福利社雖說都會販賣一切上課時需要的東西，不過福利社其實不是最便宜的，大部分雜貨還是百圓商店比較便宜，我還記得我剛入學時，看到福利社筆記本特價，興奮地買了一整套之後，沒過兩天就在百圓商店看到同樣廠牌、散裝的而且更便宜的筆記本，深深感覺受到了打擊。前不久我一個同學才剛對我抱怨福利社不便宜、缺福利這件事，他也買了一疊筆記本，讓我多少感到有點欣慰。

上學還會面臨到的一個問題，就是吃飯，最便宜的手段當然是自己帶便當了，不知道別的學校有沒有提供微波爐，我們學校的微波爐在福利社裡，不買東西只單純跑進去用微波爐好像有點厚臉皮，但還是有人面不改色地這麼做，例如說我。

再者就是吃福利社便當或學生食堂了，我不太想批評我們學校的食堂，但有時候品質真的有點落差……吃食堂只有兩個好處，第一是比外面便宜，第

二是不管質如何，量都有保障，管飽。說個題外話，有一年我看到報紙說我們學校是關東地區大學食堂的第四還是第五名，我看得倒抽一口冷氣，很難想像其他學校的學生都過著怎樣的生活⋯⋯

另外就是社團活動了，這個真的沒辦法，有些社團活動既耗時間又燒錢，就看自己到底有多想加入了。我記得我剛入學時，很興奮地跟其他留學生討論要加入什麼社團，大家都說了好多志願，結局卻全都是「回家社」，理由不外乎「衝到打工，沒空」，包括我。不過事後覺得有點可惜，大學還是應該參加個什麼社團活動才對，不然一點都沒有陽光大學生的感覺啊！

比起其他項目，學校鐵定是個省不到錢的地方，學校的性質如此，也是沒辦法的事，讓我們在其他方面努力省回來吧！

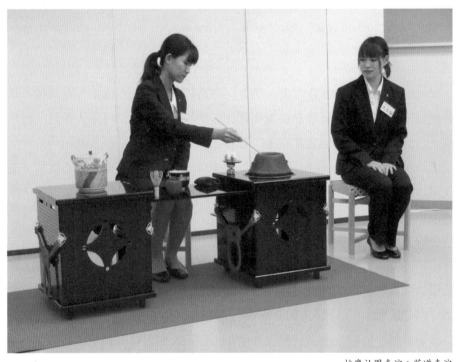

校慶社團表演：茶道表演

6、樂：有錢要玩，沒錢也要玩

為了避免出去玩的花銷，就來訂定住處、學校、打工地點的三點一線生活吧！雖然也不是不可以，不過娛樂活動其實也是很重要的放鬆，畢竟休息是為了走更長的路！

然而，出去玩就等於花錢，要如何節省這筆費用呢？首先，最值得大力推薦的是參加學校活動！大部分的大學為了讓留學生適應留學生活，以及多和日本人來往、交朋友，都會舉辦大量的交流活動，例如我們學校，每年都會舉辦交換留學生的迎新、送舊，其他偏向同樂會性質的活動還有運動會、異文化食物交流會等等，偏向知性類的則有觀賞歌舞伎、參觀博物館等等，其餘還有賞花、烤肉等一堆活動，很多元化，最重要的是，這些活動幾乎都是免費的，等於學校撥出經費讓我們又玩又吃又交朋友，何樂而不為。

像這樣由學校舉辦的交流活動，雖然有部分會直接通知留學生，但也有些只會刊登在校方網站上或者張貼海報，如果想定時收到訊息，通常辦理類似活動的單位不是「國際交流課」就是「學生生活課」，如果沒收到通知，也可主動、直接前往學校單位詢問。

參加學校活動的好處，在省錢之外，還有拓展人際圈的妙用，既多認識了留學生和日本學生，又可以跟職員、老師打好關係，一舉多得。

除了直接參加學校的活動之外，學校也會提供一些外部廠商的活動廣告，例如滑雪或是遊樂園門票，這種廣告通常由福利社提供，因為是以學生為客群的活動，所以大部分也都會有學生折扣，費用比普通的旅行社便宜。

如果是一般旅行社的話，只要儘量避開旺季，有時候也會拋出一些便宜的行程。可以直接在網路上搜尋「國內旅行」或者「格安旅行」（廉價旅行）等關鍵字，現在什麼都可以進行網路比價，的確很方便。

要是不想跟團，只想自己一個人或跟三五好友一起進行電車就能到達的小

旅行，可以注意一下電車公司是否有提供套票。電車公司都對推廣自己線上的景點不遺餘力，通常會提供來回該地的一日券，不但比普通購買車票便宜，還會加上很多好處，例如乘坐該地的觀光巴士、纜車等不用錢，或者可以在餐廳、禮品店打折等等，也算是能小省一筆。

而在旅行之外，如果是舞台劇、博物館、美術館、電影等等需要票券的活動，也可以搜尋上面講過的金券屋，可以用較為便宜的價格買到票，不過由於持學生證買票也會打折，所以建議先查詢一下學生折扣跟金券哪種比較便宜，再決定是否買金券。

對於即使是這樣仍然嫌貴的朋友，最適合的景點就是你家附近了！這不是開玩笑，日本的住宅區規劃做得不錯，住宅區附近一定會有公園一類的地方，而且一般都管理得很用心，我搬過幾次家，第一個住的地方，附近的公園種滿了銀杏樹，每到秋天就能踩著金黃色的地毯散步；第二個住的地方則是在道路兩旁種滿櫻花樹，春天時美不勝收，只一瞬間就讓人遠離都會的塵囂。

日本的四季分明，所以日本人對季節的變化相當敏感而且用心，無論住在哪個地方，都能充分享受這種自然景緻之美，我覺得這是我住在日本這幾年最欣賞的優點了。

所以，即使沒錢玩樂，也可以在租居處或學校附近，尋找能夠放鬆心情的地方，在國外生活，有時候心情極為緊繃，特別是還要錙銖必較地算著收入和支出，還要打工和應付課業，一定要好好調節壓力，免得累出病來，我看過不少留學生都是在留學期間把身體搞壞的，原因不外乎壓力太大、作息和三餐不正常、工作過量等等，但不管有什麼重要的事，健康才是一切的前提，千萬不能本末倒置。

雖然這一章寫了很多省錢小撇步，但真正的目的並不是希望大家苛扣自己，而是希望可以省下一些小錢，來讓自己的生活過得更舒心，畢竟不斷的金錢支出也是壓力的來源之一。

說到底，留學不是一場忍耐和折磨，而是應該在體驗學生生活的同時，也享受到與台灣不同的文化、景色、風俗民情。孤身在外，又是在消費水準較高的國家，感受到壓力是一定的，要如何調節這種壓力，就是這章內容所希望表達的事情，也正是這本書自我期許的使命。

　　在日本求學的這幾年，我有很多成功的經驗，也可說擁有更多失敗的經驗，「失敗為成功之母」，藉由分享這些經驗，希望每一個留學生、打工度假者還有旅遊者都可以更舒坦，更具有解決問題的能力，好好享受在日本的時光。

Chapter 06
實用日語會話
帶著走！

PART 1　學校篇

PART 2　日常生活篇

PART 3　使用便利設施篇

PART 4　打工篇

PART 5　遇到緊急狀況篇

會話 1

▌親自到學校索取大學報名簡章

学生：すみません。留学生の入学願書を頂けませんか？
　　　您好，我想索取留學生的入學報名表。

職員：ご希望はどの学部ですか？
　　　請問您想報考哪個學系？

学生：文学部です。
　　　文學系。

職員：はい、こちらが文学部の学部案内と願書です。願書は十月二十二日までに、ご本人が大学の窓口に提出してください。日にち間違わないようにお気を付けてください。
　　　好的，這是文學系的簡章和報名表，報名表要在十月二十二日親自到學校窗口繳交，請務必注意不要錯過。

学生：はい、ありがとうございます。それと、過去問題集ありますか？
　　　好的，謝謝。對了，請問有考古題嗎？

職員：こちらが過去三年の問題集です。一緒に封筒に入れましょうか？
　　　這邊有過去三年的考古題，我幫您一起裝進信封裡吧？

学生：お願いします。ありがとうございました。

麻煩您了，謝謝。

相關單字：

中文	日文	讀音
入學報名表	入学願書	にゅうがくがんしょ
考古題	過去問題集	かこもんだいしゅう
繳交報名表	出願	しゅつがん
文學系	文学部	ぶんがくぶ
法學系	法学部	ほうがくぶ
經濟學系	経済学部	けいざいがくぶ
醫學系	医学部	いがくぶ
理工學系	理工学部	りこうがくぶ

會話 2

▌資料錯誤時的電話連絡

職員：こんにちは、こちらは○○大学入学課です。林小明様で
よろしいですか？

您好，這裡是○○大學入學課，請問您是林小明先生嗎？

学生：はい、私です。

我就是。

職員：ご出願ありがとうございました。すみませんが書類にちょっと問題がありまして、ご提出された卒業証明書の発行日が六月二十日になっていますが、卒業証明書は発行から三ヶ月以内のものでないと受理できません。

感謝您報考本校，但是資料有一點問題，報名用的畢業證書必須要是三個月之內發行的，您提出的畢業證書發行日期是六月二十日，離報名的時間已超過三個月了。

学生：申し訳ございません！ではどうすればよろしいでしょうか？

非常抱歉！那我該怎麼辦？

職員：もう一回出身の高校に申請してください。

請再向您的高中母校申請一張。

学生：直ぐ致しますが、申請してから日本に届くまで一週間ほどかかると思います。

我會馬上申請，但從申請到寄達日本可能需要一個星期時間。

職員：大丈夫です。直接大学入学課まで送ってください。

沒關係，請直接寄到大學入學課就可以了。

学生：分かりました。本当に申し訳ございませんでした。またよろしくお願い致します。

我明白了，真的非常抱歉，再麻煩您了。

➡ PART 01 MP3 下載網址
http://epaper.morningstar.com.tw/mp3/0103611/PART-01.mp3

PART 02

會話 1

▌找房子，委託仲介

学　生：すみません。部屋を借りたいと考えているのですが、
　　　　紹介して頂けませんか？

　　　　您好，我正在找房子，想請您幫我介紹。

仲介者：ありがとうございます。ご希望の条件を教えて頂けま
　　　　せんか？

　　　　好的，能告訴我您設定的條件嗎？

学　生：渋谷駅まで乗り換えなしで三十分以内、礼金と敷金な
　　　　しで家賃が四万円以内の物件をお願いします。

　　　　我希望可以三十分鐘之內到達澀谷，電車直達不用轉車，不支付禮
　　　　金和押金，租金大概在日幣四萬圓之內。

仲介者：それはちょっと難しいかもしれません…お風呂なしの
　　　　部屋でもよろしいですか？

　　　　那大概有點困難……沒有衛浴設備的房間也可以嗎？

学　生：シャワーくらい欲しいです。それ以外特に希望ありま
　　　　せん。

　　　　我希望至少可以淋浴，除此之外對房間沒有什麼要求。

仲介者：和室や一階の部屋でもよろしいですか？

　　　　和室或者位於一樓的房間也可以嗎？

学　生：大丈夫です。

　　　　沒問題。

仲介者：こちらの二件の物件はご希望に近いです。内見はお考えでしょうか？

　　　　這邊有兩間房子符合需求，要不要先去看看房間？

学　生：はい、よろしくお願いします。

　　　　好的，那就拜託您了。

仲介者：内見できるお時間を教えてください。

　　　　請問您大概什麼時候有空呢？

学　生：土日ならいつでも空いております。

　　　　禮拜六、日的話，我一整天都有空。

相關單字：

中文	日文	讀音
找房子	部屋探し	へやさがし
不動產公司（的員工）	不動産屋さん	ふどうさんやさん
房東	大家さん	おおやさん
和室（榻榻米地板）	和室	わしつ
洋室（木地板）	洋室	ようしつ
禮金	礼金	れいきん

中文	日文	讀音
押金	敷金	しききん
租金	家賃	やちん
仲介費	仲介手数料	ちゅうかいてすうりょう

會話 2

▌ 和房東（通常都是仲介出面）簽租約

学　生：この部屋が気に入りましたので、契約したいです。
　　　　我對這間房間很滿意，我決定要租了。

仲介者：ありがとうございます。では契約とお引越しはいつに
　　　　なさいますか？
　　　　謝謝，那您什麼時候方便簽約和搬家呢？

学　生：契約はいつでも大丈夫です。引越しは三月下旬くらい
　　　　です。
　　　　什麼時候都可以簽約，至於搬家大概得三月下旬吧！

仲介者：では三月十日に契約しに来て頂いてもよろしいですか？
　　　　それまでにこの保証書に保証人からサインと印鑑をも
　　　　らってください。契約当日はこの保証書とご自分の印
　　　　鑑を持って来てください。
　　　　那可以麻煩您三月十號跑一趟來簽約嗎？請您先把這份文件給保證
　　　　人，請對方簽名蓋章，簽約當日請攜帶這份保證書和您的印章。

学　生：はい。
　　　　好的。

（契約当日）
（契約當天）

仲介者：契約の内容をすべて読み上げます。必要ないとお思い
かもしれませんが、法律により決められていることな
ので、ご了承ください。何か分からないことがござい
ましたら、いつでもお聞きになってください。説明致
します。

我會把合約內容全部唸一遍，您可能覺得這樣沒必要，不過這是法
律規定的，請見諒。如果您有任何問題，隨時都可以詢問我，我會
解說。

学　生：はい、よろしくお願い致します。

好的，麻煩您了。

相關單字：

中文	日文	讀音
簽約	契約する	けいやくする
契約書	契約書	けいやくしょ
搬家	引越しする	ひっこしする
連帶保證人	連帯保証人	れんたいほしょうにん
印章	印鑑	いんかん
申請費	申込金	もうしこみきん
入住審查	入居審査	にゅうきょしんさ

會話 3

▌ 辦手機

学生：こんにちは。携帯電話を契約したいのですが、学生割引
　　　などありますか？

　　　您好，我想辦手機，請問有學生特惠方案嗎？

店員：はい、ありがとうございます。今は三年間基本使用料無
　　　料の特典をお付けさせて頂きます。今日は学生証と健康
　　　保険証はお持ちでしょうか？

　　　是的，現在有免除三年基本費用的特惠，請問您有攜帶學生證和健保
　　　卡嗎？

学生：はい。

　　　有。

店員：確認させて頂きます。はい、ありがとうございます。で
　　　は今日でお手続きができます。お支払いの方式は銀行機
　　　関からの引き落としとなりますが、キャッシュカードは
　　　お持ちでしょうか？

　　　請讓我確認一下。好了，謝謝。那今天就可以辦好手續，請問您有攜
　　　帶提款卡嗎？我們會直接從銀行扣款。

学生：はい。

　　　有。

店員：はい、ではコピー致しますのでお借り致します。こちら
　　　は契約書です。ここでサインをお願いします。

　　　好的，那請把證件借我影印一下。這是合約書，請在這裡簽名就行了。

学生：はい。

　　　好的。

相關單字：

中文	日文	讀音
手機	携帯電話	けいたいでんわ
智慧型手機	スマートフォン	すまあとふぉん
學生優惠	学生割引	がくせいわりびき
申辦新門號	新規加入	しんきかにゅう
本人身分證明	本人確認書類	ほんにんかくにんしょるい
手續費	事務手数料	じむてすうりょう
方案	プラン	ぷらん
優惠活動	キャンペーン	きゃんぺーん

會話 4

▌申辦網路

学生：こんにちは。インターネットの契約をお願いします。
　　　您好，我想申辦網路。

店員：はい、ありがとうございます。お住まいは一戸建てですか？集合住宅ですか？

好的，請問您的住處是獨立的還是集合式住宅？

学生：アパートです。

是公寓。

店員：アパートでしたら毎月の費用は 4980 円でございます。お住まいの近くにネット回線が設置できるかを調べますので、ご住所をお願いします。

公寓的話，每個月的網路費是日幣 4980 圓。請告訴我您的住址，我會查詢一下您的住處附近是否已經設置網路線。

学生：はい、住所は以下の通りです…

好的，我的住址如下……。

店員：ありがとうございます。お調べの結果お住まいの近くは回線が設置済みですので、別の工事が必要ありません。お部屋にモデムの設置に伺いたいのですが、ご都合宜しい日はございますか？

謝謝，經過查詢，您的住址附近已經設有網路線，不需要再進行施工。我們會派人過去安裝數據機，請問您什麼時候比較方便？

学生：週末ならいつでも家におります。

我週末都在家。

店員：では今週の土曜日の朝でよろしいですか？

那這禮拜六的早上可以嗎？

学生：はい、よろしくお願いします。

好的，那就拜託您們了。

相關單字：

中文	日文	讀音
網路	インターネット	いんたあねっと
無線網路	無線 LAN	むせんらん
Wi-Fi	ワイファイ（Wi-Fi）	わいふぁい
電腦	コンピューター	こんぴゅうたあ
筆記型電腦	ノートパソコン	のーとぱそこん
數據機	モデム	もでむ
獨棟建築	一戸建て	いっこだて
集合式住宅	集合住宅	しゅうごうじゅうたく

→ PART 02 MP3 下載網址
http://epaper.morningstar.com.tw/mp3/0103611/PART-02.mp3

PART 03

會話 1

▍銀行開戶

學　生：こんにちは。口座を開きたいと考えております。
　　　　您好，我想要開戶。

銀行員：ありがとうございます。本人確認できる資料をお持ち
　　　　でしょうか？
　　　　好的，請問您有攜帶能確認身分的證件嗎？

學　生：はい、在留カードを持っております。
　　　　我有帶在留卡。

銀行員：確認させて頂きます…ありがとうございます。印鑑は
　　　　お持ちでしょうか？
　　　　請讓我確認一下……好的，請問您有攜帶印章嗎？

學　生：はい。
　　　　有。

銀行員：では今日でお手続きできます。通帳もすぐお渡し致し
　　　　ますが、キャッシュカードの方は一、二週間後に簡易
　　　　書留でお送り致します。キャッシュカードについてで
　　　　すが、お申し込みのカードはクレジットカード機能付
　　　　のカードでしょうか？
　　　　今天就能完成開戶手續並將存摺交給您，不過提款卡大約一、兩週
　　　　後才會用掛號寄出，關於提款卡，請問您要申請有信用卡功能的嗎？

学　生：クレジットカードの申し込みは必ず通るのですか？

申請信用卡一定會成功嗎？

銀行員：審査がございますので、ご希望にそいかねる場合もございます。

必須要經過審查程序，也有可能不通過。

学　生：キャッシュカードだけで申し込む方が早くもらえるのですか？

只申請提款卡會比較快拿到嗎？

銀行員：そうですね。他にも、キャッシュカードとクレジットカードの分離型がございまして、こちらではまずキャッシュカードをお送り致します。クレジットカードの送付は三、四週間後となります。

是的，不過您也可以申請提款卡、信用卡分離的形式，我們會先將提款卡寄給您，信用卡的申請大概需要三到四週。

学　生：はい、では分離型のをお願いします。

好的，那我要申請分離型的。

相關單字：

中文	日文	讀音
銀行	銀行	ぎんこう
郵政銀行	郵貯銀行	ゆうちょぎんこう
戶頭	口座	こうざ
存摺	通帳	つうちょう

中文	日文	讀音
提款卡	キャッシュカード	きゃっしゅかあど
信用卡	クレジットカード	くれじっとかあど
年費、會費	年会費	ねんかいひ
利率	利息	りそく

會話 2

▌辦理信用卡

学生：すみません、生協でクレジットカードの申し込みができ
　　　ると聞きました。
　　　您好，我聽説可以在福利社辦理信用卡。

生協店員：はい。できますよ。
　　　　　是的，我們有在辦理。

学生：年会費は無料ですか？
　　　信用卡的年費和會費是免費的嗎？

店員：学生と教職員は無料ですが、卒業後は有料になります。
　　　學生、教職員辦卡是免年費及會費的，一旦畢業就會收取費用。

学生：留学生ですが、申し込めますか？
　　　我是留學生，也可以辦卡嗎？

店員：はい。しかし審査がございますので、必ず通る保証はございません。

可以，但由於要經過審查，無法保證一定會通過。

学生：どうやって申し込めばいいですか？

我該怎麼申請？

店員：この書類を書き込み、提出してください。

填妥這張表格交給我們就行了。

代扣水電費

学生：どのような支払い方法がありますか？

請問有什麼付款方式嗎？

職員：金融機関の口座からの自動的な引き落とし、クレジットカード払い、払込用紙でのお支払いの３つがございます。

可以從銀行直接扣款，或用信用卡支付，或者我們會按月寄繳費單給您。

学生：口座振替を申し込みたいです。

我想要申請銀行扣款。

職員：はい、ではこの書類を書き込んでください。中には申し込み用の封筒が付いておりますので、書類を入れてそのまま郵便ポストに入れてください。

好的，請填完這份文件，裡面有附上申請專用的信封，直接丟進郵筒就可以了。

学生：はい、ありがとうございます。

　　　好的，謝謝。

職員：手続きは一定の期間かかりますので、申し訳ございません。が、完了するまでは払込用紙でのお支払いをお願いします。金融機関・コンビニエンスストア・郵便局でお支払いできます。

　　　不過因為需要一定的作業時間，在完成申請之前，還是麻煩您用帳單繳費，在金融機關、便利商店及郵局都可以繳費。

相關單字：

中文	日文	讀音
銀行扣款	口座振替	こうざふりかえ
繳費單	請求書	せいきゅうしょ
水費	水道代	すいどうだい
電費	光熱費	こうねつひ
瓦斯費	ガス代	がすだい

➜ PART 03　MP3 下載網址
http://epaper.morningstar.com.tw/mp3/0103611/PART-03.mp3

PART 04

會話 1

█ 電話預約面試

店　　　員：お電話ありがとうございます、××カフェでござ
　　　　　　います。
　　　　　　感謝您的來電，這裡是ＸＸ咖啡。

学　　　生：お忙しいところ失礼します、△△雑誌で貴店の求
　　　　　　人情報を拝見しお電話しました、○○と申します。
　　　　　　アルバイト採用のご担当者様はいらっしゃいます
　　　　　　か？
　　　　　　抱歉打擾了，我叫做○○，我在△△雜誌上看見貴公司的徵人
　　　　　　廣告，請問負責人在嗎？

店　　　員：少々お待ちください。
　　　　　　請稍等一下。

採用担当者：お電話かわりました。採用担当の□□です。
　　　　　　您好，我是負責面試的□□。

学　　　生：△△雑誌での貴店の求人情報を拝見しお電話しま
　　　　　　した、○○と申します。現在募集されているホー
　　　　　　ルスタッフに、是非応募させてください。
　　　　　　我叫做○○，我在△△雜誌上看見貴公司的徵人廣告，我想應
　　　　　　徵外場服務生的工作。

採用担当者：では、まず面接にお越し頂きたいのですが、ご都
合のよい日時はありますか？

那首先想請您過來面試，請問您什麼時候方便呢？

学　　　生：土日なら大丈夫です。

週六、日我都有空。

採用担当者：それでは来週日曜日の 14 時からでいかがでしょう
か？

那麼下週日下午兩點可以嗎？

学　　　生：はい、分かりました。その際に何か必要な持ち物
はありますか？

好的，沒問題。到時我必須要攜帶什麼嗎？

採用担当者：写真を添付した履歴書を持ってきてください。

請帶著有貼上相片的履歷表。

学　　　生：分かりました。それでは、来週日曜日の 14 時に伺
います。

好的，那麼，下週日下午兩點我會過去面試。

採用担当者：お待ちしております。

那就麻煩您了。

学　　　生：ありがとうございました。では、当日よろしくお
願いします。失礼致します。

非常感謝。那麼到時候就拜託您了。我先掛電話了。

相關單字：

中文	日文	讀音
打工	アルバイト	あるばいと
徵人廣告	求人情報	きゅうじんじょうほう
應徵	応募する	おうぼする
外場員工	ホールスタッフ	ほおるすたっふ
內場員工	キッチンスタッフ	きっちんすたっふ
履歷表	履歷書	りれきしょ
面試	面接	めんせつ
筆試	筆記試驗	ひっきしけん

會話 2

▌面試

店長：履歷書を読みました。以前は中華店でバイトしていたの
　　　ですか？
　　　我已經看過你的履歷表了，你之前在中華料理打過工對嗎？

学生：はい。
　　　是的。

店長：なぜ辞めたのですか？

為什麼不繼續做了？

学生：店長が店を閉めて、母国に帰りましたので。

老闆把店收掉回國了。

店長：なるほど…キッチンとホールどちらをやりたいですか？

原來如此……你想做內場還是外場？

学生：できればホールをやりたいです。

如果可以的話，我想做外場。

店長：日本語検定一級をとっているみたいですが、具体的な日本語能力はどれくらいですか？

雖然你說你考過日檢一級，但我還是不知道你的日語能力實際上如何。

学生：仕事の用語は問題ありません。敬語も話せます。前も中華店で働いていましたが、お客様は日本の方でした。

對於工作上的用語我沒問題，也能說敬語，之前雖然是在中華料理工作，但客人都是日本人。

店長：キッチンなら全然やりたくないですか？

內場的話，你沒意願嗎？

学生：いいえ、キッチンでも大丈夫です。

不，那也沒什麼問題。

店長：履歴書に書いている時間帯は全部出られるのですか？

履歷表上寫的這些時段，你都能來上班嗎？

学生：はい、でもそれ以外の時間帯は授業があります。

是的，其他時段我要上課。

店長：あと何年くらい学校にいますか？

你還會在學校待幾年？

学生：あと三年です。長期で働きたいと思っていますので、もし通りましたら、他の仕事を探す予定はありません。

還有三年，因為我想長期在同一家店打工，如果錄取的話，我就不再找別的工作。

店長：うん、もし通りましたら、いつから出られますか？

嗯，如果錄取的話，你什麼時候能來上班？

学生：いつからでも大丈夫です。

隨時都可以。

店長：分かった。ではやってみましょうか。明日から出られますか？

好，那就讓你試試看吧，你明天可以來上班嗎？

学生：はい！ありがとうございます！

是的！非常感謝您！

PART 04 MP3 下載網址
http://epaper.morningstar.com.tw/mp3/0103611/PART-04.mp3

＊面試容易碰到的題目：

アルバイトは初めてですか？
＊你是第一次打工嗎？

なぜ、アルバイトをはじめてみようと思ったのですか？
＊為什麼你想開始打工？

あなたはこのお店に来たことがありますか？
＊你有來過我們店嗎？

あなたがこのお店を選んだ理由を教えてください。
＊你選擇本店的理由是什麼？

あなたの長所を教えてください。
＊你的專長是什麼？

あなたの短所を教えてください。
＊你不擅長什麼？

部活などは何をしていますか？
＊你參加什麼社團？

学校は楽しいですか？
＊學校生活有趣嗎？

PART 05

會話 1

▍**緊急狀況－迷路（一）**

学生：すみません。道に迷いましたので、渋谷駅までの道を教
　　　えていただけますか？
　　　您好，我迷路了，可以請問澀谷車站怎麼走嗎？

通行人：はい。この道をずっと行けば着きます。
　　　　好的，就從這條路一直走就會到了。

学生：その方面から来ましたけど、何かの目印がありますか？
　　　我就是從那個方向來的，請問有什麼指標嗎？

通行人：大きな十字路の右に警察署がありますので、その左の
　　　　歩道橋を渡れば着きます。
　　　　有一個很大的十字路口，右邊是警察署，越過左邊的天橋就到了。

学生：分かりました。ありがとうございました。
　　　我明白了，非常感謝！

會話 2

▍**緊急狀況－迷路（二）**

学生：すみません。ここは山手線ですか？
　　　您好，請問這裡是山手線嗎？

通行人：はい。

　　　　是的。

学生：渋谷に行きたいのですが、この電車は渋谷に止まります
　　　か？

　　　我想去澀谷，請問坐這輛電車會到嗎？

通行人：ホームが間違っています。ここは新宿行きです。あそ
　　　　この階段から降りて、反対側のホームに行けば渋谷行
　　　　きに乗れます。

　　　　你走錯月台了，這是往新宿的方向，從那邊的樓梯下去，到相反的
　　　　月台乘車就能前往澀谷。

学生：分かりました。ありがとうございました。

　　　我明白了，非常感謝！

相關單字：

中文	日文	讀音
迷路	道に迷う	みちにまよう
直走	真っ直ぐ行く	まっすぐいく
左（右）轉	左（右）に曲がる	ひだり（みぎ）にまがる
車站	駅	えき
地圖	地図	ちず
派出所	交番	こうばん
指標（建築物等）	目印	めじるし

會話 3

▌ 緊急狀況－生病

医者：どこの具合が悪いですか？
　　　您哪裡不舒服？

学生：お腹が痛いです。
　　　我肚子非常痛。

医者：お腹のどこですか？胃ですか？
　　　肚子的哪邊呢？是胃嗎？

学生：多分そうです。
　　　好像是。

医者：いつから痛いですか？
　　　什麼時候開始痛的？

学生：今朝です。
　　　今天早上。

医者：今朝の朝食と昨日の夕食は何ですか？
　　　請問你今天早餐和昨天晚餐吃了什麼？

学生：朝食はまだ食べてないです。昨日の夕食はカキフライ定
　　　食でした。
　　　早餐還沒吃，昨天晚上吃了炸牡蠣套餐。

医者：甲殻類アレルギーありますか？
　　　你對有殼類海鮮過敏嗎？

学生：分かりません。
　　　我不知道。

医者：今は息のし難さや吐き気がありますか？

現在會喘不過氣或想吐嗎？

学生：ないです。でもお腹がずっと痛いです。

不會，就是肚子一直痛。

医者：分かりました。先ずは血液検査しましょう。

我明白了，先抽血檢查吧。

相關單字：

中文	日文	讀音
感冒	風邪	かぜ
流行性感冒	インフルエンザ	いんふるえんざ
頭痛	頭痛	ずつう
胃痛	胃痛	いつう
鼻水	鼻水	はなみず
咳嗽	咳	せき
發燒	熱	ねつ
腹瀉	下痢	げり
過敏	アレルギー	あれるぎい

會話 4

▍緊急狀況－被警察盤問時沒帶證件

警察：身分証明書を出してください。
　　　請拿出身分證件。

学生：すみません。財布を家に忘れてしまいました。
　　　對不起，我把錢包忘在家裡了。

警察：外国人の方は在留カードをいつも持っていてください。
　　　外國人請隨身攜帶在留卡。

学生：すみません。今はどうすればよろしいでしょうか？
　　　抱歉。那現在該怎麼辦？

警察：身分を証明できるものを何も持っていないのですか？
　　　你身上沒有任何可以證明身分的證件嗎？

学生：はい。
　　　沒有。

警察：学生ですか？
　　　你是學生嗎？

学生：はい。
　　　是的。

警察：学校に電話して、在学することを証明させてください。
　　　那請打電話讓學校證明你在學。

学生：はい。今すぐかけます。
　　　好的，我立刻就打。

相關單字：

中文	日文	讀音
身分證件	身分証明書	みぶんしょうめいしょ
在留卡	在留カード	ざいりゅうかあど
護照	パスポート	ぱすぽおと
學生證	学生証	がくせいしょう
健保卡	健康保険の被保険者証	けんこうほけんのひほけんしゃしょう
駕照	運転免許証	うんてんめんきょしょう

PART 05　MP3 下載網址
http://epaper.morningstar.com.tw/mp3/0103611/PART-05.mp3

國家圖書館出版品預行編目資料

日本，我來了！留學、遊學、打工全攻略 / 吳寧眞著
-- 初版 . -- 臺中市：晨星 , 2014.12
面；　公分 . -- （Guide Book 611）
ISBN 978-986-177-929-4（平裝）

1. 留學　2. 旅遊　3. 日本

529.25　　　　　　　　　　　　　103017973

Guide Book　611

日本，我來了！留學、遊學、打工全攻略

作者	吳寧眞
編輯	林千裕
封面設計	萬勝安
美術編輯	曾麗香
內頁插圖	腐貓君
錄音	吳寧真、恩田瑞穗
創辦人	陳銘民
發行所	晨星出版有限公司
	台中市 407 工業區 30 路 1 號
	TEL:(04)23595820　FAX:(04)23550581
	E-mail:service@morningstar.com.tw
	http://www.morningstar.com.tw
	行政院新聞局局版台業字第 2500 號
法律顧問	甘龍強律師
初版	西元 2014 年 12 月 15 日
郵政劃撥	22326758（晨星出版有限公司）
讀者服務專線	04-23595819#230
印刷	上好印刷股份有限公司

定價 250 元
（缺頁或破損的書，請寄回更換）
ISBN 978-986-177-929-4
Published by Morning Star Publishing Inc.
Printed in Taiwan
All rights reserved

407
台中市工業區30路1號

晨星出版有限公司

請沿虛線摺下裝訂，謝謝！

更方便的購書方式：

(1) 網站：http://www.morningstar.com.tw

(2) 郵政劃撥　帳號：22326758
　　　　　　　戶名：晨星出版有限公司
　　請於通信欄中註明欲購買之書名及數量

(3) 電話訂購：如為大量團購可直接撥客服專線洽詢

◎ 如需詳細書目可上網查詢或來電索取。

◎ 客服專線：04-23595819#230　傳真：04-23597123

◎ 客戶信箱：service@morningstar.com.tw